稻香村

中秋月

稻香村

雞店

画给孩子的老北京趣闻与传说

·古迹寻踪·

张卉妍 / 编著

北京燕山出版社
BEIJING YANSHAN PRESS

图书在版编目（CIP）数据

古迹寻踪 / 张卉妍编著 . -- 北京 : 北京燕山出版社 , 2023.2

（画给孩子的老北京趣闻与传说）

ISBN 978-7-5402-6679-0

Ⅰ . ①古… Ⅱ . ①张… Ⅲ . ①名胜古迹 – 北京 – 儿童读物 Ⅳ . ① K928.701-49

中国版本图书馆 CIP 数据核字（2022）第 181024 号

画给孩子的老北京趣闻与传说·古迹寻踪

编　　著	张卉妍
责任编辑	王长民
助理编辑	赵满仓
封面设计	韩　立
插图绘制	傅　晓
出版发行	北京燕山出版社有限公司
社　　址	北京市西城区椿树街道琉璃厂西街 20 号
邮　　编	100052
电话传真	86-10-65240430（总编室）
印　　刷	河北松源印刷有限公司
开　　本	880mm×1230mm　1/32
字　　数	180 千字
总 印 张	16
版　　次	2023 年 2 月第 1 版
印　　次	2023 年 2 月第 1 次印刷
定　　价	148.00 元（全 4 册）

发行部 010-58815874

传　真 010-58815857

如果发现印装质量问题，影响阅读，请与印刷厂联系调换。

前言

北京是一座有着三千多年历史的文化古城，是六大古都之一。在浩瀚的历史长河中，北京这座城里发生了太多的趣闻，流传着太多的传说。城门牌楼、王府民居、胡同坊巷、塔庙寺院……北京的每寸土地、每个角落几乎都承载着很多关于衣食住行、拼搏奋斗、喜怒哀乐、亲情友情的传奇故事。

北京是一座有故事的城，是一本让人品不够的书，是一座承载传奇的文化宝库——燕、前燕、大燕、辽、金、元、明、清八个朝代的相继定都成就了她历史的厚重；什刹海、大栅栏、王府井、八王坟等地的繁华热闹成就了她的宜居宜玩；颐和园的传说、雍和宫的趣闻、八大处的善缘成就了她的多姿多彩……北京，有太灿烂的文明、太辉煌的历史、太复杂的往事、太丰富的内涵，等着人去发现、欣赏、回味。

在这套书里，我们从老北京的历史典故、地名由来、名胜古迹、皇城内史、风味饮食、民间风俗、商业传奇等方面对老北京的前尘往事进行了详细而有趣的介绍，寓教于乐，力争用朴实、轻松的语言将各种趣闻传说娓娓道来，让孩子们在一种轻松的阅读氛围中，既能对老北京的风土人情有个清晰了解，又能愉悦身心。

我们不得不承认，如今，老北京的很多东西都已经随着岁月的更迭，消逝或者正在消逝，这是无法更改的事实，也是时代的必然：许多胡同正随着高楼大厦的耸立而成片成片地倒下，许多昔日走街串巷吆喝叫卖的"磨剪子嘞，戗菜刀"正悄然没了声响，许多老北京人独特的方言俚语正被新潮的网络语言所代替，许多朴实温暖的婚丧嫁娶习俗正在默默地被简化——这一切满含京味的事物的逐渐消亡，我们在扼腕叹息的同时，也希望能够通过本套书来回味一下曾经的北京。

目录

古迹寻踪

九龙壁的美丽传说　/02

颐和园十七孔桥的传说　/09

颐和园佛香阁的传说　/14

颐和园如意门的由来　/18

天坛九龙柏的传说　/22

八大处的金鱼池　/25

什刹海的由来　/29

白云观的由来　/33

公主坟的由来　/41

大栅栏的由来　/48

王府井的由来　/52

瓮山的由来　/56

簋街的由来　/63

天安门华表的来历　/67

天安门石狮子的传说　/71

前门楼子真有九丈九高吗　/75

正阳门门匾的"门"字为什么没有钩儿　/79

西便门真的进过老虎吗　/82

北新桥的由来　/85

八宝山的由来 /91

牤牛桥的由来 /97

卢沟桥的狮子真的数不清吗 /101

明十三陵"无字碑"的由来 /111

古迹寻踪

九龙壁的美丽传说

龙壁是我国特有的建筑形式，有一龙壁、三龙壁、五龙壁、七龙壁、九龙壁等多种形式，其中以九龙壁最为尊贵。九龙壁通常建在帝后、王公居住或经常出入的宫殿、王府、寺院等建筑正门的对面，是我国照壁建筑的进一步发展。

我国的九龙壁众多，以大同、北海和故宫的最为著名。规模最大、历史最久的一座，在山西省大同市内，为辽代所建，即大同九龙壁；建筑最精、构图最美的一座，建在北京城的古典园林北海中，即北海九龙壁；第三座，我国唯一与原建筑一起完好保存下来的九龙壁，在故宫的宁寿门前，即故宫九龙壁。

北海九龙壁在北京北海公园的北岸澄观堂东北，面对太液池，遥望琼华岛，翠柏掩映，石径相通。优雅的环境和独有的建筑艺术，好似珠联璧合，使北海九龙壁极负盛名。朝阳初升，九龙壁犹如在表面涂上了一层耀眼的光辉，巨龙仿佛冲破雾霭，腾身游动起来。随着晨雾的消散，九条龙更加绚丽，万缕金光在龙身上闪耀，龙身抖动，昂首摆尾，盘绕弯曲，在海波上翻腾，在流云中穿行，犹如真龙再现，栩栩如生。

关于九龙壁，流传最广的一个传说是，九龙壁上的龙曾经动过。唐鲁孙在专著《南北看》中曾经提到过这么一件事：乾隆二十一年（1756年）的一天，一位高僧给九龙壁开光。当时九龙壁前佛光普照，这位高僧坐在前面摆放着香案、香炉的黄蒲团之上，周围围着数百人，显得十分庄严。在开光的过程中，天空布满了祥云和晚霞，有个好动的小孩子无意中把手绢扔向第九条龙的头部，这时候不可思议的事情发生了。大家看到第九条龙忽然有了灵性，龙眼、龙须都动了起来，把手绢吸着不放，仿佛要从壁上飞下来……当然，这只是一个传说，但却反映了老百姓一个淳朴的希望，就是希望龙具有灵性，能够保佑世人平安。

见识过北海九龙壁的人或许会有这样一个疑问：九龙壁上是否真的只有九条龙呢？我明明从上面看到了很多条龙，为什么却起名为九龙壁呢？细心的人会发现，除了壁前壁后各有九条醒目的戏珠蟠龙外，壁的正脊、垂脊和其他一些建筑构件等地方都有龙的踪迹。

九龙壁顶呈庑殿式,有一条正脊,四条垂脊,正脊前后各有九条龙,垂脊左右各有一条龙,正脊两侧有两只吞脊兽,它的身上前后也各有一条龙,这样五条脊上就有三十条龙。往下每块瓦当

下面镶嵌的琉璃砖上，也各有一条龙，壁四周共有筒瓦二百五十二块，陇垂二百五十一块，龙砖八十二块，加上跃于云雾之中的十八条蛟龙，就有六百三十三条龙了。再仔细看，在正脊两侧吞脊兽下，东、西还各有一块椭圆形的瓦当，上面也各有一条龙。这样算来，北海九龙壁上总共有六百三十五条龙，而并非许多人所想象的九条。

而关于故宫九龙壁，则有一个传说，那就是

九龙壁曾经被修补过。九龙壁曾经遭遇过一场大火，这场大火使九龙壁失去了往日的光彩。乾隆年间，皇帝下令修补九龙壁。可偌大的一个九龙壁，修补起来又谈何容易，必须请技术最高明的工匠才能完成。最后，一个名叫马德春的工匠被选中了。马德春拥有几十年的烧制琉璃瓦经验，可谓技术高超、经验丰富。

修补工程很快就开工了。在进行修补之前，马德春一而再再而三地向工人师傅们叮嘱烧制彩色琉璃瓦时一定要掌握好火候，在马德春的辛苦指导下，足足烧制了七七四十九天，才把需要的琉璃瓦给烧制成了。

安装的日子到了。正当大家都忙着的时候，突然传来一声脆响，把众人吓了一跳，马德春更是被吓坏了。他赶紧循声赶来，只见地上零零散散地堆着一些琉璃瓦碎片，原来是一个小工匠在搬琉璃瓦的时候一不小心摔倒了，把几片琉璃瓦给弄碎了。马德春忙先安抚了众人，低声对他们说："这事儿对任何人都不能讲，谁要是吐露一个字，可有杀身之祸啊！"众工匠忙点头称是。马德春回到家里，紧张得直冒冷汗，这可怎么办呢？重新烧制琉璃瓦已经来不及了，但又承担不起延误工期的罪名，可是另打主意来补救又要冒着欺君之罪的

呀！眼看没几天就要交工了，他把心一横，就这样等死还不如闯一闯碰碰运气。连着几天，他茶不思饭不想，谁也不见，只是把自己关在一个小屋里，悄无声息地偷偷制作"琉璃瓦"……

很快九龙壁的修补工程完成了。乾隆皇帝率领众大臣来看新修的九龙壁。走近看，只见那些龙栩栩如生、熠熠生辉，简直和真的一模一样。他走到壁前，仔细欣赏每片琉璃瓦上的巨龙，从东到西，一条龙一条龙地看。乾隆不停地赞叹修补工艺的卓绝。跟在人群后面的马德春心都快提到嗓子眼了，头上冒着汗，腿有些发软。乾隆来回看了几遍，真是打从心眼里喜欢，赏了马德春许多金银财宝。

待乾隆走后，马德春一下子坐在了地上，心想这真是太惊险了，差点儿连身家性命都赔了进去，还好皇帝没有发现什么纰漏。要问马德春为什么担心呀，他到底有什么可隐瞒的呢？

原来他为了补上那块被摔碎的琉璃瓦，可谓费尽了心机。他用了两天两夜的工夫，硬是用一块上好的楠木雕成了一段龙身，并在乾隆前往观看的前一天才匆匆忙忙地安装上。这要是让皇上知道了，可就是灭九族的欺君之罪呀！

您如果有机会去故宫玩，见到那座九龙壁，从东边数第三条白龙的身上有一块琉璃瓦，据说就是当年马德春用楠木雕成的，您不妨好好地观赏观赏。

颐和园十七孔桥的传说

去颐和园游览,有一个景点是不得不去的,那就是十七孔桥。十七孔桥始建于清朝乾隆年间,是颐和园内最大的桥,由17个桥孔组成,长150米,飞跨于东堤和南湖岛,由于桥孔大小不一,所以桥面有一定的坡度,像一张弓。十七孔桥像天空中七彩的长虹飞架在碧波万顷的昆明湖上,又像神话中的鼍龙状如半月浮游在平滑似镜的水中。

走在十七孔桥上,很多人不禁会问,它为什么是十七个桥孔呢,它为什么叫作十七孔桥呢?有什么说法吗?难道以桥孔的数目命名,就只是为了告诉人们此桥有十七孔这么简单吗?

当然并非如此。十七以"九"中分,即从桥东西两端算起,第九孔是中央的大桥孔。而按照古时候的礼制文化,"九"被称为极阳数,是过去封建帝王最喜欢的吉利数字,象征天、天子或帝王,常常被应用于礼制及皇家建筑之中。例如在故宫内就有9级台阶、9环石砖、9只角兽等；而中央则是最尊贵的方位，属于帝王的位置，《荀子》中的话就印证了这一点："故王者必居天下之中，礼也。"颐和园作为封建帝王自家的园林，是供皇帝与后宫佳丽游玩的地方，将桥的中央桥孔设计为第九孔，将桥建成十七个孔，意思很明显，就是想表明桥的尊贵和皇家的威严。

其实，不仅十七孔桥的名称来历有说头，在修建这座桥的时候，还发生过一个有意思的故事呢！

据说，当年乾隆皇帝为了修建十七孔桥，请来了全国各地的能工巧匠，这些能工巧匠用他们的勤劳和智慧，从房山的大石窝里一斧一凿地开采出了一块块洁白的汉白玉，并历尽千辛万苦将这些汉白玉运到修桥工地。

一天，工匠们正在工地上干活，突然来了一个满头银发、衣衫褴褛的老者，只听他一声声叫卖："谁买龙门石！谁买龙门石啊……"工匠们看他那肮脏劲儿，认为他是个疯子，都没有搭理他。老者就这样在工地上吆喝了三天，还是没人理他。

无奈老者只得离开了工地，往东走到六郎庄一棵大槐树底下就停下了。从此他夜里就睡在树底下，每天起早贪黑地用铁锤凿那块龙门石。日子就这样一天天过去了。

突然有一天,天上下起了大暴雨。老者的眼睛被暴雨打得根本睁不开,于是他停下手中的铁锤,双手抱头,蹲在树底下避雨。就在这个时候,村西住的老王从这里经过,看见老者那副可怜的样子,非常不忍,便邀请老者来自己家里住下。

谁知老者这一住上就不走了,在老王家有吃有喝的好不舒服。他一下子住了一年,当然这一年中他也没闲着,那就是整日地继续埋头凿那块龙门石。老王是个比较善良的人,对老者的长住也没有说什么。

一天,老者突然对老王说:"从今以后我就不在您

这儿住了，这一年里，我的吃喝你一点儿都没有短我，你的恩情我实在无以回报，我也没什么可报答的，就把刚凿好的这块龙门石送给你吧！"

老王看了看老者手中的那块龙门石，对他说："你也别说什么报答不报答的话了，大家都不容易，这块石头倾注了你很多的心血，我无论如何也不能收。况且我留着这块石头也没用，你还是拿走吧！"

老者说："你别看我这块石头很普通，真要到节骨眼上，花一百两银子还买不到呢！"说完，把石头往老王家门口一放，就离开了。

一年的时间过去了，十七孔桥的修建工程也快完工了。乾隆帝为了表示自己对该桥的重视，准备来这里参加"贺龙门"仪式。

眼看"贺龙门"的日子马上就要到了，可桥顶正中间最后那块石头却怎么都凿不好、砌不上。这可急坏了负责该项工程的官吏。这时，有工匠想起了那个卖龙门石的疯癫老者，就对这官吏说："大人您何不去找找那疯癫的老头儿，说不定能有什么帮助呢！"

官吏也没有别的办法，只好派人四处打听老者的下落。后来总算打听到那个老者曾经在六郎庄老王家住过，官吏就亲自来到老王家。刚进门他一眼就看到窗底下那块龙门石，就蹲下来量了量尺寸，结果是长短厚薄一分不差，就好像专为修桥而凿的一样。

官吏别提多高兴了，对老王说："你这龙门石真是天上的仙人专为修桥凿的，可大大地帮了我的忙哪！你说个数吧，多少银子我都给！"

老王这人非常实诚，就说："我也不要那么多银子，这样吧，那老者在我家吃住了一年，你就给我他一年的吃住费用吧！"

官吏听了，给了老王一百两银子，派人把龙门石搬走砌在了十七孔桥上，那可是一点儿也不偏一点儿也不斜，刚刚好。龙门终于合上了！

完工后，众工匠都大大地松了一口气，这桥修得可不容易哪！如果没有那块龙门石，皇帝一旦发怒，我们的小命可都没了哇！就在这时候，有一个工匠突然醒悟过来，对大家说："工匠师傅们你们都明白了吗？帮我们凿这块龙门石的那个老者肯定是鲁班爷爷下凡，来帮咱们修桥来啦！"此这以后，鲁班爷爷帮助修建十七孔桥的故事，就流传开了。

颐和园佛香阁的传说

在颐和园的众多建筑中,佛香阁是其中比较重要的一个,是颐和园的主体建筑,为颐和园建筑布局的中心,位于万寿山前高21米的方形台基上。佛香阁高40米,8面3层4重檐,阁内有8根巨大铁梨木擎天柱,结构相当复杂,是一座十分宏伟的塔式建筑。

佛香阁的历史十分久远,据史载,其始建于清朝乾隆年间。当时,乾隆帝想修建一座九层高的宝塔,他把地址选在了如今佛香阁所在的地方。可是,当建筑施工到第八层的时候,乾隆帝突然改变主意,下旨停止修建,而改建一座阁楼,由此诞生了佛香阁。

后来的佛香阁经历了被摧毁和被重建的过程。第二次鸦片战争期间，佛香阁被英法联军摧毁。后来到了光绪年间，光绪帝下旨重建佛香阁，并在里面供奉一些佛像，这才有了我们今天所见的这座宏伟建筑。当年的特别的日子，慈禧太后都会专门出宫来这座阁楼烧香拜佛。

当年乾隆帝原本下旨修建九层宝塔，并且已经建

到了第八层，却为何会突然下旨停止施工，改建阁楼呢？难道其中有什么难言之隐？关于其中的缘由，各种说法都有。

有的说为了避免塔影的重叠。因为在京西一带，本来就建有很多宝塔，如果再建一个那么高的宝塔的话，难免会出现塔影重叠的现象，所以为了避免这种现象的发生，乾隆帝才又下旨拆塔建阁的。对于这个说法，很多人质疑，说乾隆帝之前决定在那里修建九层宝塔，事前必然做好了充分的调查和研究，不会在即将完工的时候，突然改变主意，所以这种说法有待商榷。

有的说是打着为母亲做寿的名义而完善皇家建筑。具体是指当年乾隆帝之所以修建宝塔，名义上是为了给母亲做寿，而实际上是打着为母亲做寿的名义，想把三山五园连成一体，使宝塔成为联系东西皇家园林的主体建筑。可是在建到第八层的时候，他突然发现，这个塔和他原来的想象有点儿落差，并不十分相符，所以将宝塔拆除，改建成了佛香阁。针对这一说法，很多人也持有异议，觉得无据可依，纯属猜测。

其中比较权威、可信的是第三种说法：

据说，当年乾隆帝觉得这里的风水比较好，便想在这里建个九层高的宝塔。可是在施工之前，有个大臣觐见说，这里的风水虽然不错，但是在万寿山的下面，却有一座古墓，是明朝某个王妃的，还是不要动这个地方比较好。

可是乾隆帝却不这么认为。他觉着自己乃是大清朝的一国之君，岂能怕小小一个明朝的王妃？况且，明朝的事儿早已经是多少年前的事啦，怕了只是自己吓自己。于是宝塔的修建照原计划进行。

接到乾隆帝的旨意后，负责修建宝塔的大臣便慌忙着手安排修建事宜了。很快修建了八层，可是就在修建第九层的时候，却出了意想不到的事儿。

原来，工人们正准备修建第九层时，突然感觉到地基不稳，楼层晃动。工人们赶紧查看，突然在地基周围发现了一座墓的石门，只见石门上赫然刻着八个字：你不动我，我不动你。

乾隆帝听了大臣的报告后，非常惊讶，他赶紧亲自去看，果然看到了古墓和那八个大字。

于是乾隆帝赶紧下令停止修建九层宝塔，让人把土重新填到原来那个地方，在万寿山上盖了一个阁，希望利用这个阁将那个明朝王妃的魂魄镇压住。这个阁，就是我们这里所说的佛香阁。

颐和园如意门的由来

在去颐和园游玩的时候,不知您有没有注意到这样一扇门,它在颐和园的西面,也就是京密引水渠的边上,旁边是石舫和西堤六桥。这个门与其他的门相比,规模相对小一些,也不如其他门漂亮、大气,但是却是颐和园游客流量最大的门之一,它就是如意门。

如意门?很多人听了肯定感觉很奇怪,因为在大家能叫得上来的颐和园几个门的名字里面,几乎都带着一个"宫"字,例如东宫门、北宫门、新建宫门等,为何独独这个门不叫什么什么宫,而叫如意门呢?

说起来里面还有一个故事,这个故事与清朝的慈禧太后有很大的关系。

众所周知,颐和园是当年慈禧太后挪用海军的军费修建的,据说慈禧太后非常喜欢这个园子,在它还没有最终完工的时候,就迫不及待地去园子里查看查看了。

那是在一年的夏天,当时的园子已经修建了百分

之九十多,就剩下一些边边角角没有完善了。慈禧太后在皇宫里待着没什么事儿,就忍不住去园子里溜达了一圈。

这慈禧太后到了颐和园一看,别提心里多高兴了,只见园内要山有山,要水有水,要花有花,要草有草,还有多彩的长廊、雄伟的建筑,非常漂亮。最重要的是,园子里非常荫凉,正好可以避暑。慈禧太后越看兴致越高,就忍不住多走了一会儿。

她在园子里这么一走,刚开始的时候或许感觉不到累,可是时间久了,累劲儿就上来了。

可是,由于工程还没有最后完工,园子里可供休息的地儿特别少,而且用来休息的房子里什么家具也没有,所以没法子在里面休息。而且,这里离石舫非常近,慈禧心想与其回宫里,不如去香山避暑、休息。可是颐和园和香山之间的距离不算远,但若从石舫回到颐和园东宫门,然后再从东宫门绕到香山,那可就是一段不短的距离了。怎么办呢?这可急坏了旁边跟着的太监们。

正在大伙儿手足无措的时候,一个小太监灵机一动,叫来了几个工人,三下五除二,拆开了一段院墙,现出了一个通到园外的门洞,然后对慈禧太后说:"老佛爷您看,这里有个门还没有修好,咱们索性从这里绕过去,这样很快就会到香山的。"

慈禧太后见状,心里非常高兴,便准备从这道"门"里穿过。可是旁边负责修建工程的大臣可着急了。

因为当时修建园子是要走审批流程的，为的就是避免项目运作中的贪污腐败等违法乱纪现象。原本在账本里面就没有关于这个"门"的支出预算，现如今这里要修建一道门，这所需要的材料可什么都没买呢。这个大臣想了一会儿，突然灵机一动，连忙上前向慈禧太后道："老佛爷，现如今这个门还没有起名字，不如您现在就赐一个名儿吧！"

慈禧太后本来想脱口而出说西宫门，一想又觉得俗气，体现不出自己母仪天下的威仪。可一时又想不出来别的，正在那犹豫犹豫的时候，刚才说话的那个小太监又进言了："老佛爷，奴才斗胆说一句，您说这里叫作'如意门'如何？"

慈禧太后听了沉吟片刻，心想，刚才自己就是想快点儿出去，正苦于没有近路的时候，这个门恰巧出现了，不是如意门又是什么！于是她点头赞道："你个猴儿崽子还挺机灵的，如意门这个名儿不错，好！就叫如意门。来，快给这猴儿崽子打赏！"

从此以后，这个现拆出来的门，就被叫作如意门，一直叫到现在。

天坛九龙柏的传说

曾有一篇报道说，美国前国务卿基辛格在参观北京天坛时曾经说过这样的话："天坛的建筑很美，我们可以学你们照样修一个。但这里美丽的古柏，我们就毫无办法得到了。"天坛，不仅因世界上现存最大的祭天建筑群而闻名中外，它也是北京地区面积最大的"古柏林海"，拥有形态各异、历史悠久的古柏群。

说起天坛内古柏的数目，令人咋舌，有3600多棵，其中大多种植于明代，距今有五百多年的历史。这里为何种植那么多的柏树呢？

原来，在古时候，人们都视古柏为"神柏"，柏树也因其常青长寿、木质芳香、经久不朽，被视为吉祥昌瑞之树。而历代帝王更是喜欢在皇家坛庙或者陵墓地带种植各种柏树，以示"江山永固，万代千秋"之意。天坛就是这样一个皇家坛庙。在天坛，不仅柏树的数量非常多，名柏也有很多，如槐柏合抱、迎客柏、问天柏、莲花柏、卧龙柏等，其中比较有名的是九龙柏。

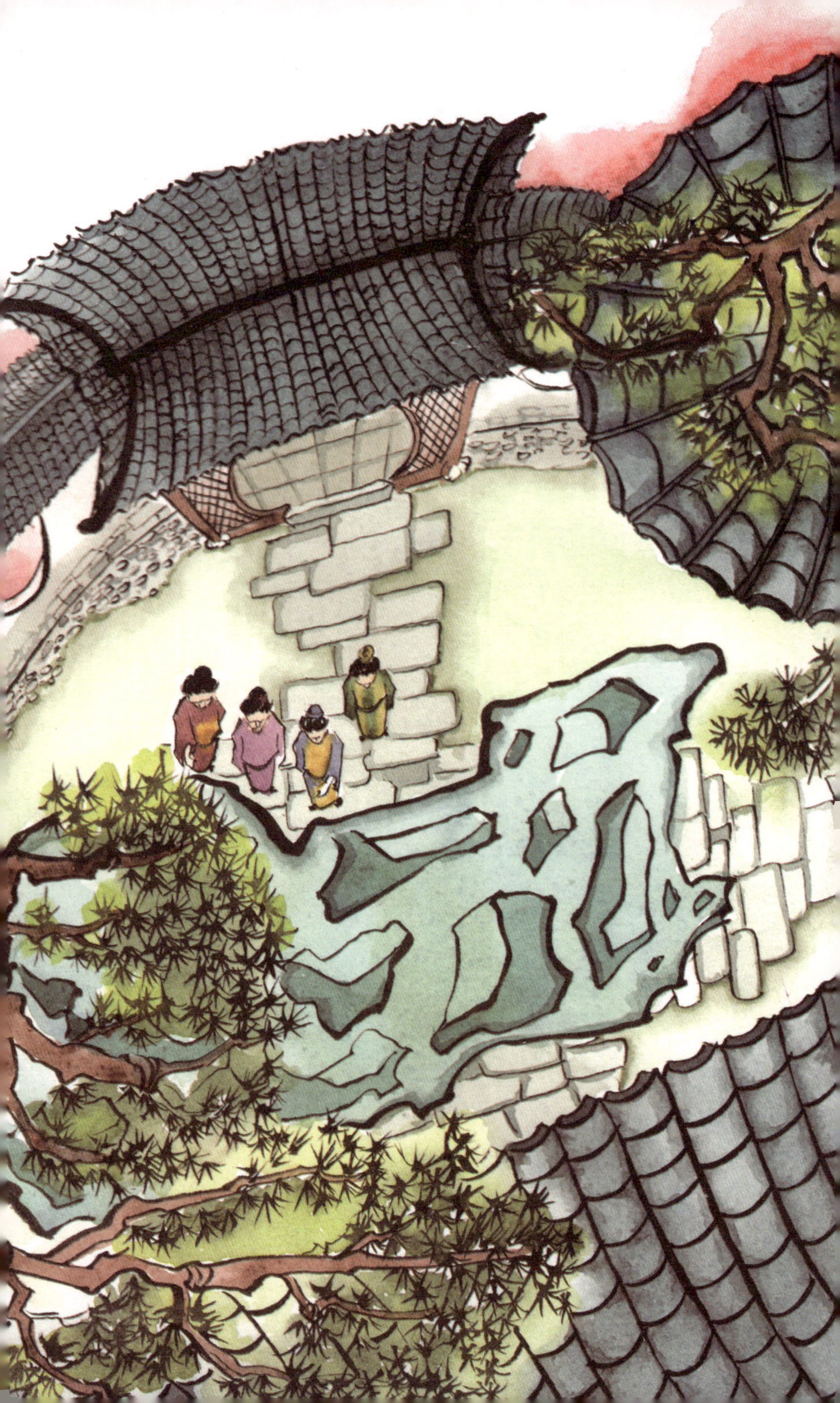

九龙柏，又被称为"九龙迎圣"，生长在天坛皇穹宇西北侧，种植于明代永乐十八年（1420年），至今已度过了六百年的春夏秋冬。它的树干挺拔粗壮，形象奇特，树干表面遍布纵向沟壑，并随着主干的升高扭曲上升，状如九条蟠龙盘旋腾飞。

据说像九龙柏这样干纹奇特的古柏，世界上只有此处一棵，真可谓"世界奇柏"。很多人可能会好奇，这棵树为何会长成这样独特的形状呢，据林学家考证，可能是因表皮细胞分裂不均造成的。

以上原因是从科学分析的角度得出的，其实关于九龙柏及其名称来历，还有一个有意思的传说故事呢！

相传在清朝时期，乾隆皇帝有一次来天坛祭祀，仪式结束后，他感到很累，便在皇穹宇围墙下稍事休息。就在这个时候，乾隆皇帝的耳边突然传来一种非常奇怪的声音。乾隆帝循声找去，发现在围墙下有九条蛇，一下子钻入了泥土中。乾隆皇帝赶紧命令随从挖开那里的泥土找蛇，但怎么都找不着。就在这个时候，乾隆皇帝发现围墙外突然冒出了一棵大树，只见这棵树表面布满沟纹，犹如九龙腾飞，他感到非常惊讶，联系刚才发现九条蛇的事，便将这棵树命名为九龙柏。

八大处的金鱼池

在北京市石景山区的众多游览胜地中,位于区北部的西山八大处是其中最有名的。八大处历史悠久、风景优美、文物众多,是一座佛教寺庙园林,因隋唐以来修建的八座古刹而得名。

在八大处的八座古刹中,第二处有一个灵光寺,在这座灵光寺内供奉着一颗佛祖释迦牟尼的灵牙舍利,灵光寺因此名扬中外。但这里谈的不是这颗名扬中外的佛祖释迦牟尼的灵牙舍利,而是一个看起来非常普通的小小金鱼池。

金鱼池位于灵光寺的南侧,池水清澈,里面放养着数以百计的名贵金鱼,这些金鱼非常罕见,也非常大,其中最大的足有二尺余长,全身呈现金红色,在水中不停地摇动着尾巴,显得十分灵巧、可爱。

说起这些金鱼的历史,可谓十分久远了,据说从清朝的咸丰年间开始,这个池子里就有这种名贵的金鱼了,挑剔的慈禧太后也曾来这金鱼池赏鱼观景呢!

据说那是在秋天的某一天，当时的灵光寺非常美丽，处处金桂飘香。慈禧太后来这里游玩，看到漂亮的景致，心情也异常好。

走着走着，慈禧太后便走到了西院的峭壁下，只见清澈的泉水自上而下，犹如一道水帘注入了下面的金鱼池内，惹得泉水叮叮咚咚地响，就像在弹奏一首美妙的曲子。

慈禧太后本就十分喜欢听人唱曲儿，不知不觉间听得出了神。这时她低头往下看，一下就看见了在金鱼池中游泳的名贵金鱼，只见这些金鱼各个色彩斑斓、灵巧可爱，像彩锦一般在水中嬉戏玩闹，再加上金鱼池边有一些怪石和睡莲映衬，整个场景显得如梦似幻、美丽无比。

慈禧太后一下子喜欢上了这里，便对身边的太监说："想不到八大处还有这么一个所在，今儿我哪里也不去了，就在这儿看这些个鱼儿玩。"说罢命太监拿来许多鱼饵。

慈禧对池中的金鱼先是轻轻击掌然后投下饵食，只见这些鱼儿争先恐后地来抢食，把慈禧太后逗得哈哈大笑，跟随的太监宫女见太后高兴，也不觉笑起来。

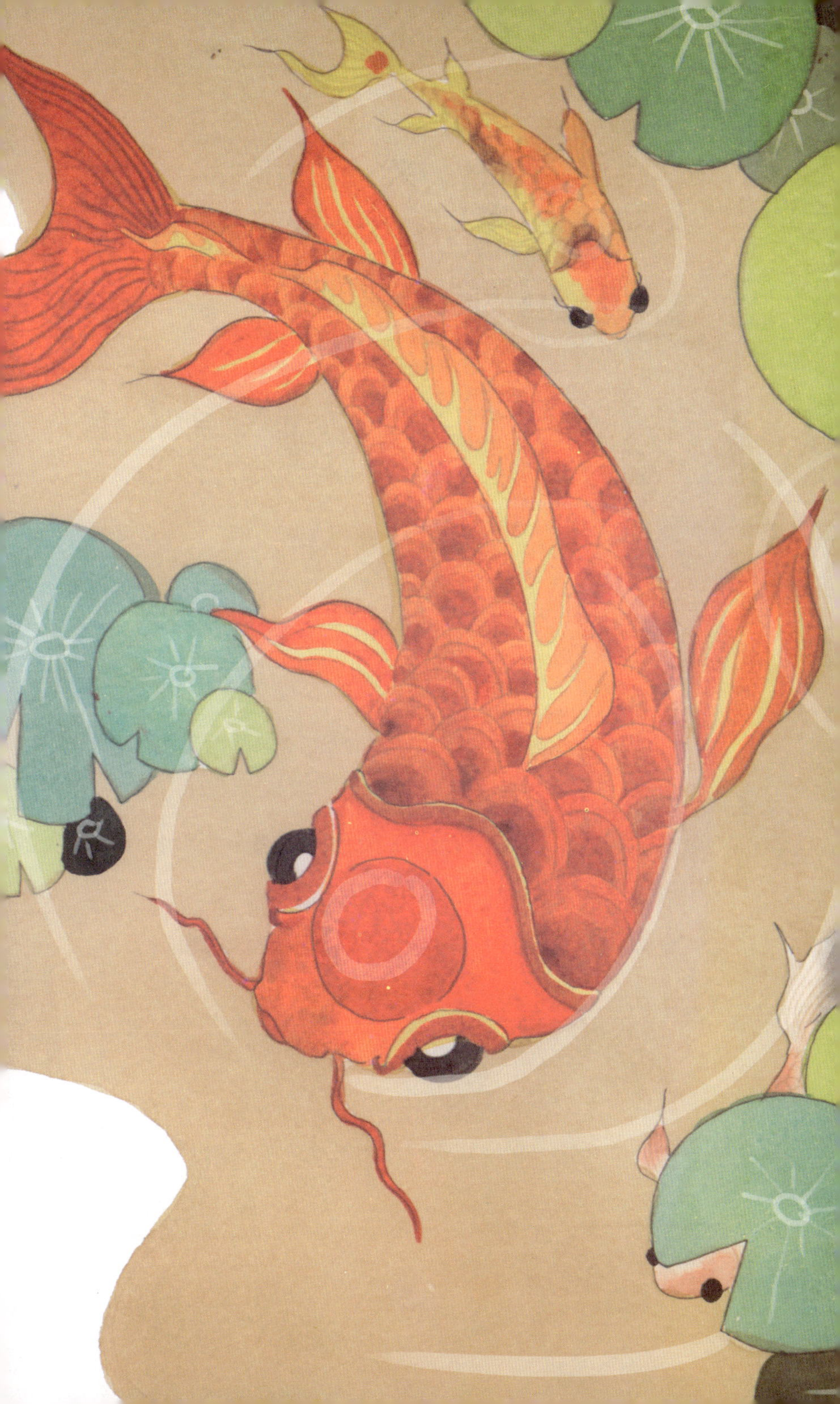

就这样玩了一会儿。慈禧喂着喂着，突然发现池中有一条二尺多长的金红鲤鱼，只见它在池子里上下跳跃、摇头摆尾，像是在欢迎自己前来观赏似的。这真是条有灵性的鱼儿啊！慈禧太后心里非常喜欢，便命太监取出笔墨，为灵光寺题词，并封那条二尺长的金鲤为神鱼。

今天，金鱼池已经成为八大处的著名景点之一。很多游客来八大处游玩时，都会特意来到灵光寺观赏这个金鱼池。

什刹海的由来

什刹海，也写作"十刹海"，由前海、后海、西海水域以及沿岸名胜古迹和民居组成。元朝曾依托这一片水域在东岸确定了都城建设的中轴线，什刹海始成为元、明、清三代城市规划和水系的核心。

什刹海的"刹"字，在北京人嘴里念快了，就跟"季""价""窖"差不多了，因为这个，就有了活财神沈万三在这里挖十窖银子的传说，什刹海也便因此得名。

说起沈万三这个名字，在大家的心目中，他就是那著名的"活财神"。

按道理说，活财神一般都很有钱，纵然不挥金如土，也得有家有院有轿坐。可是沈万三这个活财神却例外，甭提他有多少间房、多少套院、多少轿子可坐了，他可谓手里一个子儿都没有，有时候甚至连衣服都没得穿。那他为什么被叫作活财神呢？原来之所以叫他活财神，是因为他知道地下哪个地方埋着金子，哪个地方埋着银子。据当地的老百姓讲，平常时候，沈万三也不知道哪里埋着金子银子什么的，但一旦挨人狠打的时候，通常他胡乱指的地方准有金银，并且挨打得越厉害，他所指的地方埋的金银越多。他的活财神之名也因此而来。

然而，老百姓谁又会随便打人？而且大家看他穷成这样，谁也不信他知道哪儿有钱。因此，跟沈万三一起过的人都穷得叮当响，缺衣少食。

明朝时期，"靖难之役"之后，朱元璋的四儿子朱棣登上了帝位。这位皇帝想修一座北京城。可修城并非一件容易的事儿啊，首先得有充足的物质基础，没有钱去哪弄材料、请人工呢！可是皇帝又不舍得花费自己的钱，于是便跟大臣们商讨如何筹集一些修城的经费来。众大臣也很焦虑：苦海幽州本就是个贫瘠之地，去哪里弄这么多钱呢？

就在这个时候，一个大臣站出来对皇帝说："微臣倒想起一个人来，只要找到他，保准有数不完的金银财宝。这个人叫作沈万三。"皇帝听了，又惊又喜，马上着人去抓那沈万三。

皇帝见了沈万三那穷酸样，心里就犯了嘀咕：就

这么个穷酸的糟老头儿,还能称为活财神?

可疑惑归疑惑,皇帝还是好奇地问道:"据说你知道金银存放的地方?"

沈万三回答:"我不知道。"

"那为什么大家都叫你活财神?"皇上一听,开始急了。

沈万三说:"我不是什么活财神啊皇上,那都是别人叫着玩儿的。"

皇帝一听就发了火,说:"哼,一定是你妖言惑众,蒙蔽了众人,活该挨打!"于是吩咐将士将沈万三推出去打他一百大板。

刚开始挨打时,沈万三还大声地叫嚷:"我没有骗人啊,放了我吧,放了我吧!"

将士说:"只要你供出金银的所在,就饶了你!"

沈万三喊着说:"可我真的不知道啊!"

沈万三喊得越厉害,将士打得他越厉害,直打得他皮开肉绽、鬼哭狼嚎。

实在撑不过去,沈万三大喊了一句:"大人别打了,我想起来哪里有银子了。"将士这才住了手。

皇帝便吩咐将士们跟着沈万三去挖金银财宝。可是沈万三哪知道哪里有什么宝藏呀,就东走走西转转,后面的将士们不断催促,就这样他们一行来到今天什刹海的位置。沈万三实在走不动了,就随便指着下面的地说:"这里有金银,你们在这挖吧!"将士们就开始挖起来,果然从中挖出了十窖银子来。一窖是四十八万两,这十窖银子共计四百八十万两。据说北京城就是用这笔银子修建起来的。

后来,将士们挖银子的地方成了一个大坑,经年累月后,那个大坑盛满了水,后世人都叫它为"十窖海",慢慢地又称其为"什刹海"。直到现在,还会有人强调说:"这儿原叫十窖海,不是什么什刹海!"

白云观的由来

位于北京西便门外的白云观地处幽静,被誉为"洞天胜境",是老北京最大的道观,也是京城的一大旅游、祈福之处,凭其独特的魅力吸引着众多游人的眼球,一年到头都香火不断。逢年过节更是十分热闹,参观的、祈福的、叫卖的,人来人往。

白云观初建于唐代开元年间,那时候还只是一座寺庙,不叫白云观,而叫白云寺。那从什么时候起,"白云寺"成了"白云观"了呢?这里不得不提一个人,那就是丘处机。

相传丘处机是山东人,从小时候起就跟着师傅学琢玉,后来为了养家糊口,他就干起了琢玉这一行。丘处机心地善良、乐善好施,经常帮助别人,他的善良打动了一位仙长,这位仙长就点化他皈依了道教,并将自己的仙术传授给了他。从此以后,丘处机四处云游,普化众生。

在那时候的皇朝有个规矩,就是每个新上任的皇

帝在执政后都要出一次家当一段时间的和尚，娘娘也要出家当尼姑。可是那皇上和娘娘可是吃住在蜜窝里的人儿，哪能受得了清修之苦？所以那时候都是走走形式，找人替他们出家，替他们出家的人就叫作"替僧"。凡是当了替僧的人，无不身价大涨。

有一年旱灾严重，老百姓们困苦不堪。皇帝在宫内设坛祭天也没管用，就想召集天下能人来求雨。这时娘娘举荐她的替僧白云寺王长老来求雨。王长老带着寺里的几个小和尚在宫里诵经、拜佛，足足折腾了几天几夜，可还是没有下雨。皇帝一气之下罚了娘娘半年的俸禄，并且下令打了王长老一百大板，把他赶出了宫。接着，皇帝下了一道圣旨，颁发皇榜，上面写明，谁能求下甘露，普救众生，重重有赏。可皇榜贴了七天，也没有人敢揭。正在第八天头上，皇帝忽听大臣来报，说有一个老道士把皇榜揭了，声称能够祈福降雨。皇帝听了赶紧派人将这位老道士迎进了宫。

这位老道士是谁呢？不是别人，正是那丘处机。

丘处机运用法术，手托金瓶、口念真经、挥洒琼浆玉露，不一会儿只见风云变幻，天色顿时阴沉下来，接着几声响雷，甘露飞洒、大雨滂沱，连着下了两天两夜。皇帝大为高兴，封了丘处机"仙师"的美名，加以重用，并赏了他许多金银财宝。

这王长老听说丘处机施法给求下雨来，心里别提多难受了：哼，这牛鼻子老道不知施了什么妖术竟求下雨来，我倒被赶出了宫，不行，我得出出这口恶气！于是他买通了太监又进了宫，见到娘娘把他的想法说了，那娘娘也因求雨的事儿被罚了半年的俸禄，并且近来皇帝也不怎么踏进自己宫门了。俸禄事小，恩宠事大呀！于是，娘娘便和那王长老一拍即合。

"那你说我们该如何整治他呢？"娘娘问那王长老。

王长老来觐见娘娘之前，心里早有了谱，便对娘娘说："等皇帝召见那丘老道时，您不妨向皇上提个醒儿，让那丘老道掐金断玉，当年张果老不就有掐金断玉的本事吗！皇上既然称丘处机为仙师，他一定也能掐金断玉，如做不到，就借此将他赶出宫去！"娘娘听了，心想这王长老的主意还不错。于是几天后，娘娘在觐见皇帝时对皇帝说:"都说前几天那能祈福降雨的丘处机神通广大,臣妾想见识一下他的本事,看看他有没有掐金断玉的本事。"皇上听了娘娘的话,也想看看丘处机的本事。于是便命人将丘处机叫了来。

娘娘对丘处机说:"丘法师,都说你能呼风唤雨,今儿个皇上想瞧瞧你还有没有其他的本事,不知你能不能掐金断玉?"说着递给丘处机一块金子和一块玉。

丘处机接过金和玉说:"贫道不知娘娘想要我掐成个什么样子?"

那娘娘本就为了使坏,心里也没个谱,就胡乱说道:"你想掐成什么形状都可以,随你的便吧!"

丘处机看了看那块玉,随手一掐,那块玉就变了形状,接着丘处机又一下掐成一个方帽翅儿,顺手按在自己的道冠上。随后,丘处机又拿起那块金子,向金子吹了一口气,那金子就软成个面团子一般。丘处机用手指轻轻捏着像抽丝一样往外抽,每抽一条就往道冠上缠一条,也不知抽了多少条,都像头发丝那么细,不一会就织成了一个金道冠。

皇帝见了丘处机的本事,又惊又喜,大声叫好,又大大赏了丘处机一番。娘娘见非但没有惩治了丘处机,竟让他借此又表现了一番,还赢得了皇帝的奖赏,心里那个气啊!

这次没有让丘处机出丑,娘娘和王长老不甘心,就又想了一计。一天,娘娘对皇帝说:"皇上,都说那丘法师神通广大,他的本事臣妾也见识到了。可臣妾得知白云寺王长老的法力也很高强。上次王长老祈雨没有成功,这段时间他潜心修炼,功力大涨,不妨让他二人比试一番,看谁的本事更高强。"皇帝听了,心想也未尝不可。于是问:"怎么个比试法啊?"

娘娘赶紧进言:"如今臣妾有孕在身,马上就要生产了,皇上何不把王长老和丘法师一起召进宫,让他二人算算臣妾腹中胎儿究竟是龙还是凤?谁算得准就说明谁的本事大。"

皇帝听了,觉着十分有趣,于是点头应允了。进宫后,王长老有意显摆本事,遂抢在丘处机前面,说:"皇上,照贫僧看,娘娘怀的是个公主。"

丘长春笑了笑,说道:"按贫道掐算,娘娘将为皇上生一龙子。"

这王长老虽然祈雨失败,但到底也有一点儿法力,已算出娘娘怀的就是个公主。于是说道:"皇上,虽然贫僧的法力有限，但这件事敢保证没有算错，娘娘的的确确怀的是位公主。如果是贫僧算错了，贫僧愿将小庙白云寺送给丘法师。"丘处机听了笑而不语。

娘娘临产的日子很快就到了，皇帝差人将王长老和丘处机请进宫来。等了一段时间后，宫人来向皇帝禀报，

说是产了一位公主。王长老听了,得意万分,心想丘处机这次可栽大发了!只听丘处机哈哈大笑,不慌不忙地

说:"常言道:'耳听为虚,眼见为实。'请皇上命人将龙子抱出检验,如若贫道所言不实,贫道愿以死谢罪。"皇帝命太监将婴儿抱来,轻轻将褪褓一揭,果然是个龙子。

原来,丘处机已经算出娘娘所怀的是个公主,只是为了和王长老斗法,才故意说成是个龙子。

可娘娘明明生的是个公主啊,怎么皇帝一看又成了龙子呢?原来,待娘娘产后,丘处机又施法用公主换来个太子。这王长老当然知道是丘处机施了法术,可自己的法力又比不过丘处机,只能干着急干生气,只得将自己的白云寺送给了丘处机。丘处机得了白云寺后稍加修缮就改名为白云观。

后来,娘娘和王长老又想了个法子与丘处机斗法,便在白云观旁建了座叫作西风寺的庙宇,意在用"西风"吹化"白云"。谁知丘处机又在白云观山门内修了一座"窝风桥",将那座西风寺给镇压了下去。

最终,王长老气不过,归隐山林。而丘处机则凭借自己的法力得到了皇帝的重赏,皇帝还派人做了个御笔题写的"万古长春"字样的匾额。从此,老百姓们都叫丘处机为"长春真人"。白云观的香火也随着丘处机越来越大的名气而愈加旺盛起来。

公主坟的由来

在北京生活过的人，几乎都听说过公主坟这个地名。公主坟位于北京长安街延长线复兴路西三环交会处，是北京重要的交通枢纽之一。

很多人听了公主坟这个地名后，都心存疑问，这里为什么取名为公主坟呢，是因为这里曾经埋葬过什么公主吗？有的说是这里埋葬着乾隆皇帝微服私巡时认的一位义女，也有的说埋葬的是清朝的一位公主——一位同清皇室并无血缘关系的汉族公主，此人就是孝庄皇太后的义女孔四贞。

第一个版本：乾隆义女

大家都知道，清朝的乾隆皇帝最喜欢微服私访，而且每次私访几乎都会带着两个死对头——刘墉和和珅。

话说有一天，乾隆一行人在路上走得久了，水也喝光了，于是便投宿在一户人家里。这家的老人是个十分热心的人，还让女儿小风为他们一行人做了饭吃。

小风虽然只有八九岁，但不仅长得漂亮，还勤快灵巧，十分讨人喜欢。乾隆非常喜欢她，便收她为义女。临行前，乾隆对义女小风说："日后有了什么难处，可以随时来京城的'皇家大院'找干爹啊！"

几年过去了，小风出落成了一个大姑娘。由于家乡发生了连年的灾荒，小风父女俩的生活实在过不下去了。这时候小风突然想起了几年前干爹临走时对自己说的话，于是她和父亲商议，想到京城投奔干爹去。父亲觉着生活实在无望，于是便答应和女儿一起去京城。

父女二人历尽千辛万苦，终于来到了京城，可是他们几乎寻遍了京城里所有的"黄家大院"，也没找到干爹的家。最终父女俩只得靠乞讨过活。后来父亲因为年纪大，又吃不好，大病了一场。看着父亲那可怜的病容，小凤伤心极了，愁得只是哭。

在一次沿着护城河边乞讨时，小凤没要着多少钱，再想起父亲的病因没钱医治更严重了，遂痛哭起来。这时，刘墉正好出来办事儿，见护城河边有一个姑娘在哭，就看了几眼，寻思着："这姑娘好面熟啊！"走近一看，遂认出这是皇上前几年微服私访时认的干女儿。于是向小凤问明原因，将她父女二人接回自己府中。到了刘墉府院，父女二人才知道，那干爹竟然就是乾隆皇帝，接他们的先生是丞相刘墉，"皇家大院"指的是皇宫。父女二人又惊又喜又怕。

第二天，刘墉便将小凤父女的事情禀告给乾隆。乾隆遂召见了小凤父女，把二人安排在宫中做事。又过了一段日子，小凤父亲因病去世，只剩下小凤一人待在宫中过活。可在皇宫里过活，虽然不愁吃穿，但繁文缛节太多了，再加上宫里的人大部分都是势利眼：娘娘、格格因她长得好看，很嫉妒她，常对她冷言冷语；阿哥皇孙见她长得端庄秀丽，都对她不怀好意，总想欺侮她；太监、宫女也因她出身贫贱，又给不起赏钱，时不时地也指桑骂槐地数落她一通。俗话说：宁喝舒心的粥，不吃皱眉的饭。小凤在宫里虽不缺吃穿，但受了不少委屈，整日以泪洗面。在父亲死后不久，就大病了一场，几天水米不进、昏昏沉沉，最终一命呜呼！小凤死后，乾隆本想着随便把她埋了了事，但刘墉建议说："她虽不是皇上您的亲女儿，但到底也是您的义女，如果草草埋葬，您脸上可不光彩呀！"

　　乾隆听了，觉得刘墉的话不无道理。于是传旨，按公主的品级给小凤办了葬礼，把小凤葬在了如今的复兴路西三环交会处，慢慢地后世的人都管这个地方叫

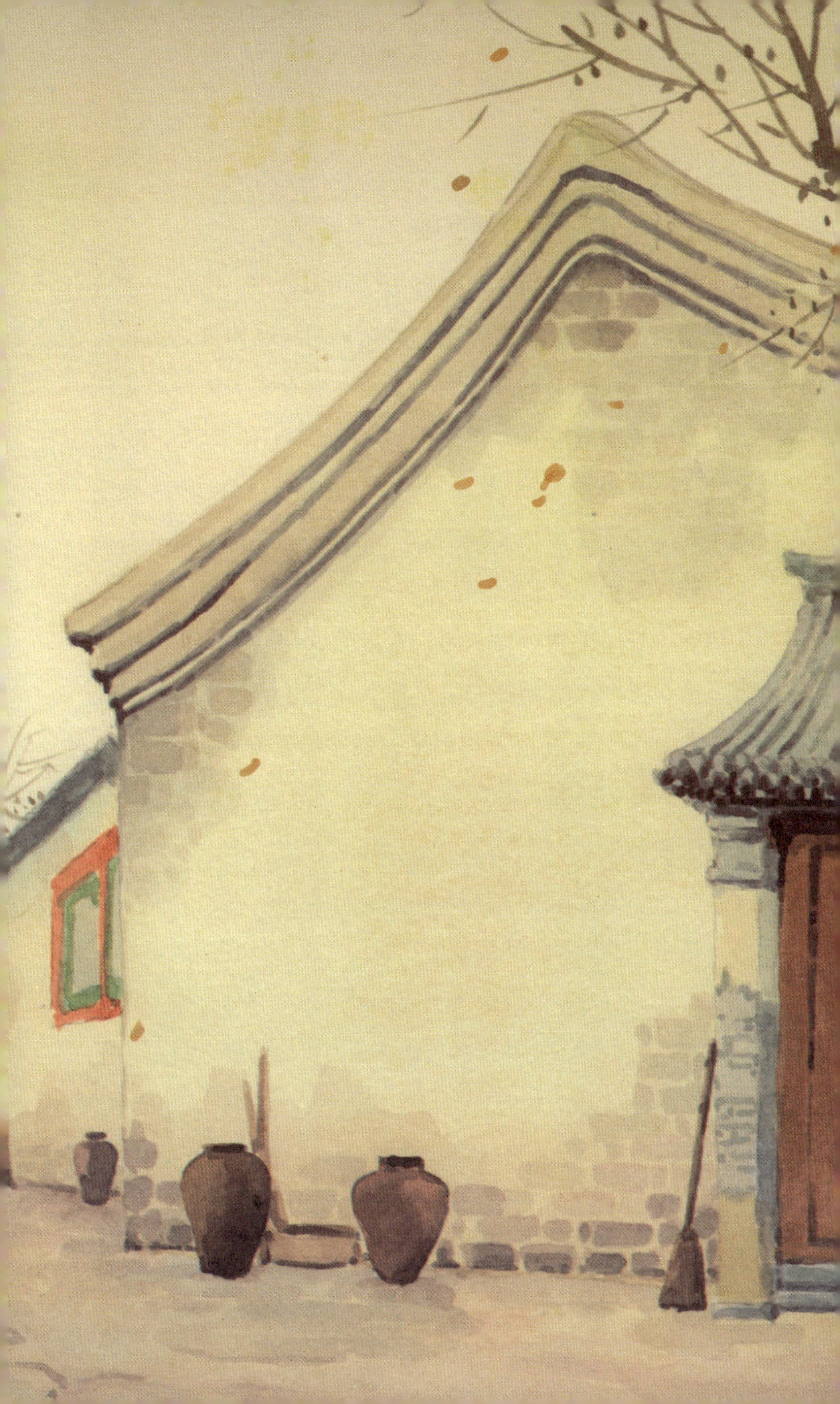

成了公主坟。

第二个版本：清汉族公主孔四贞

孔四贞是清朝仅有的一位汉族公主。汉族人在清朝怎么会被封为公主呢？是这样的：孔四贞之父孔有德，原是一名明末降清的参将，后来成为清政府镇压各地抗清义军的得力大将。顺治九年（1652年）五月，孔有德的军队被抗清义军围困，孔有德被杀。孔家被洗劫一空，所有人几乎都被杀了，仅幼女孔四贞被孔有德部将救出，留下了一条命。

当时的清朝皇帝顺治帝得知这一消息后，又惊又痛，遂命大臣将孔四贞接回皇宫，送交孝庄皇太后抚养。鉴于孔有德建功颇多，便特赐其女孔四贞食禄，封为和硕格格。从此，孔四贞便成为清朝仅有的一位汉族公主。

康熙十二年（1673年），吴三桂等三藩打着"反清复明"的旗号发动叛乱。孔四贞的丈夫孙延龄也参加了叛乱。对丈夫的反清行为，孔四贞一直强烈反对。在孔四贞的影响下，孙延龄很快表示要投降清朝。吴三桂得知孙延龄降清的消息后，将其杀死，并幽禁了孔四贞。直到清军扫平三藩后，孔四贞才回到京城，死后便被清帝下令葬在京西,也就是今天被称为公主坟的地方。

除了这两个版本之外,还有其他的版本,可谓众说纷纭。那么,在众多版本中,到底哪个是真的呢?

其实,关于埋葬在公主坟内的公主到底是谁,早在1965年修地铁时,谜底就已经揭开。当时文物部门对公主坟进行了考古挖掘,并参考历史资料考证,得出的答案是,以上两个版本都是传说,并非真正的历史。公主坟内真正埋葬的公主有两位,是清仁宗嘉庆皇帝的女儿。两位公主分别葬在东西两侧。东侧葬的是庄敬和硕公主,她是嘉庆皇帝的第三个女儿,母亲是和裕皇贵妃,已婚,死时年三十一岁。西侧葬的是庄静固伦公主,是嘉庆皇帝的第四个女儿,母亲是孝淑睿皇后,已婚,死时年二十八岁。

看到这里,很多人不禁疑惑:两位公主为什么给埋在了一起呢?原来,按照清朝的规矩,公主下嫁后,死后不得入皇陵,也不能进公婆墓地,必须另建坟冢。庄敬和硕公主和庄静固伦公主是同年而亡,仅隔两个月,于是就埋在一起了。因这里埋葬着两位清朝公主,于是后世人将此地称作公主坟。

大栅栏的由来

来北京购物、游玩，一个不得不去的地方就是前门的大栅栏，这个景点在国内几乎无人不知无人不晓，即使在国际上也很有名气，可谓是闻名遐迩。

回顾历史，尽管大栅栏这条古老的商业街经历了五六百年的风风雨雨，但依然光耀如昨，不得不让人称奇。都说大栅栏繁华、热闹，那么她到底繁华在哪儿呢？也许可以从老百姓流传的顺口溜窥探一二：

"看玩意儿上天桥，买东西到大栅栏。"

"头顶马聚源，脚踩内联升，身穿八大祥，腰缠四大恒。"

以上顺口溜说的就是早年间大栅栏的地位和繁华景象。其实不仅在早年间，即便在近代，大栅栏也是很多老北京人、外地游客最爱去的"购物天堂"。现如今在"老北京"中还流传着这样一个购物口诀：买鞋内联升，买帽马聚源，买布瑞蚨祥，买表亨得利，买茶张一元，买咸菜要去六必居，买点心还得正明斋，立体电影只有大观楼，针头线脑最好长和厚。这些老字号，无一例外地都汇集在大栅栏这块"风水宝地"。

大栅栏，北京话读作"大石烂儿"，兴起于元代，建立于明朝，从清代开始繁盛至今。1900年义和团曾一把火将整条街付之一炬，重建后依旧繁华。

说起大栅栏的名称由来，有不少记载，其中最权威的说法应追溯到明代孝宗弘治元年。当时的大栅栏地区叫作廊坊四条，因为附近还有廊坊头条、二条、三条，故而得名，直到清代才改名为"大栅栏"。

据明朝历史记载，明代孝宗弘治元年，京城廊坊四条地区入户偷盗现象非常多，搞得民心不稳。城里负责治安管理的百户（军官）王敏就上奏孝宗，说："如今的京城，大街小巷众多，尤其是廊坊四条地区人口众多，而巡逻的官兵却非常少，这难免会防范不周，影响京城的稳定。因此，为了保障老百姓的安全，请皇上下令在大街小巷的各个路口设置栅栏，并于每日的夜间关闭。"皇帝接受了王敏的建议，遂在廊坊地区大街小巷的各个路口设置了一些栅栏。

后来该地区又经历了两次栅栏建造期。第一个时期是在雍正七年（1729年），皇帝批准建了400余座外

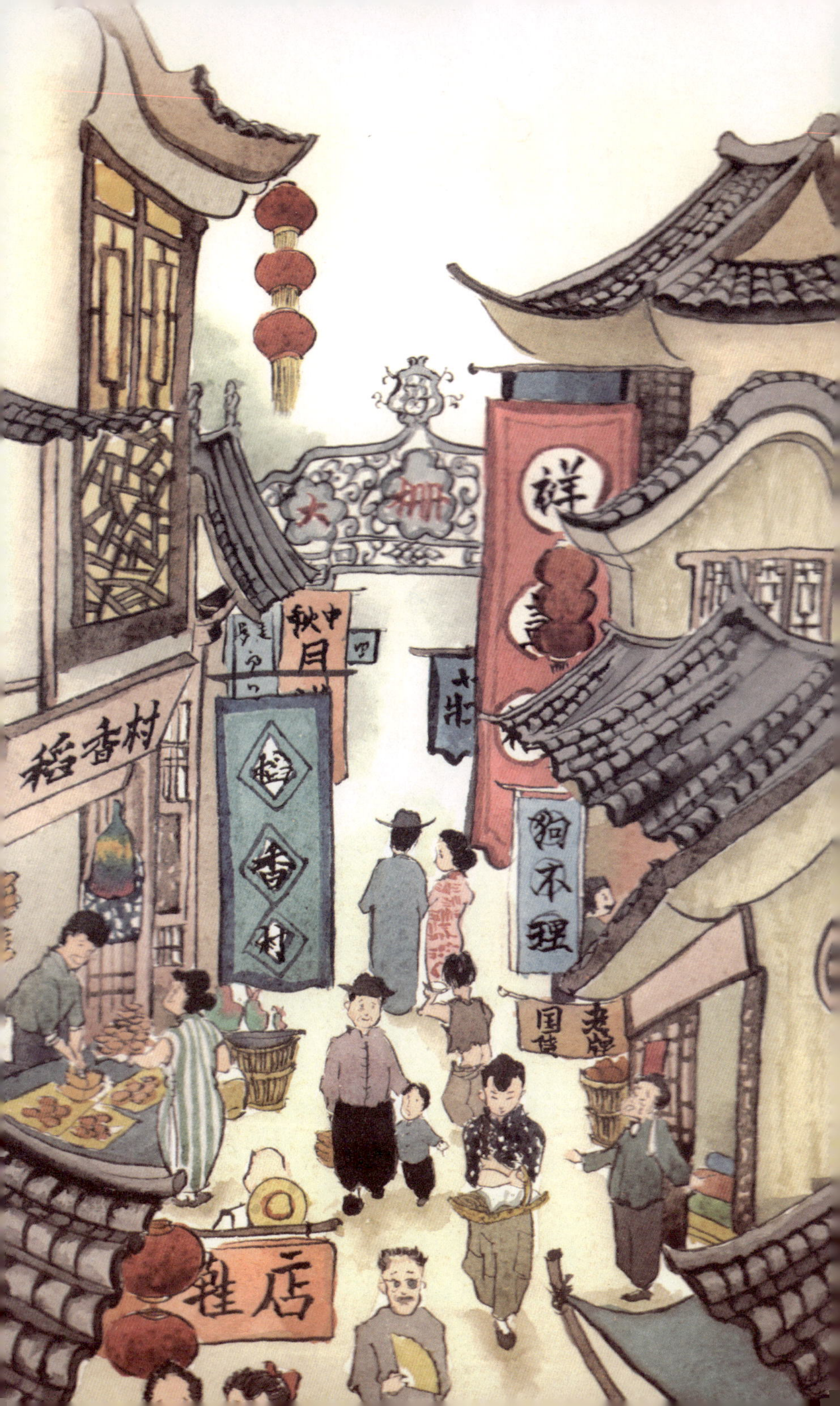
稻香村
稻香村
狗不理
祥
中秋
月
国货
店

城栅栏。第二个时期是在乾隆十八年（1753年），皇帝批准建了1919座内城栅栏，196座皇城栅栏。因这些栅栏比周围其他胡同的建筑都高大牢固，久而久之，廊房四条这个名字就被"大栅栏"给取代了。清朝末年的时候，德国人拍的关于大栅栏的照片，街口一个铁门上面写的三个字就是"大栅栏"。由此可知，在清朝的时候，大栅栏的名字已然形成。

说起大栅栏，还有一个令人不解的事儿，那就是它的读音。许多外地游客来北京乘坐公交车时，都对售票员报"大栅栏"站名时，把该念为 dà zhà lán 的地名，报作 dà shí lànr 而感到好奇。其实这个问题曾经不知困扰过多少初到京城的人，甚至还引发了许多笑话和尴尬。那么"大栅栏"三个字究竟应该怎么读呢？现如今老北京人都将大栅栏说成大厦（音 shà）栏或大市（音 shì）栏，而根本不念原词本音大栅（音 zhà）栏，民间流行的这个京味儿的叫法始终无从查考到其渊源，成了一个未解之谜。相关学者认为大栅栏的读音属于地名的特殊读音，这种读法属于保留古音。而部分播音专业教材专门谈到"大栅栏"作为北京的一个地名应读为"dà shí lànr"。

王府井的由来

在北京的市中心有这样一个地方，它有着悠久的历史，纯朴的风格，虽饱经沧桑却因居于闹市而充盈着时尚、前卫之感；它吸引了世界各地多方的文化，聚集了国际众多知名品牌；它经常赢得国内外知名人士的惠顾，更吸引了众多平民百姓的眼球；它既可以让你买到世界上最新潮、最昂贵的奢侈品，也能让你惬意逗留，买到居家过日子的普通物品；它是古老的，历经岁月的磨砺；它是新潮的，迸发着新时代的光彩……它就是王府井，全称是王府井大街。

在北京，要是问起王府井大街，那可以说是无人不知无人不晓。可您要是真追起它的根儿来，能说出个来龙去脉、子丑寅卯的人恐怕就没几个了。

传说这王府井大街原是一个王爷的宅子，这个王爷的府中有一口水井。北京城里的水大部分都是苦水，甜水很少。而且一旦遇上天旱，就连苦水都缺乏。

有一年，京城遭遇了几十年不遇的旱灾，几乎所有的井都干涸了。有钱有势的富裕人家都派人用车子去几十里外的玉泉山拉水，而穷人家只能靠肩挑手提，有的甚至靠从井底淘点儿泥浆水活命。

其实，在京城里，并不是所有的井都干涸了，还有那么两三口井还冒着水，那王爷府里的井就是其中之一。而且幸运的是，这口井里冒出的还是甜水。这下王爷不知多高兴了，说这是因为祖宗福气大、造化大，房子和水井都在龙脉上。

不幸的是，这个王爷是个十分恶毒的人，他没有将自家井里的水用来救济周围的老百姓，而是命令王府的一个看门老头把水井看守起来，禁止周围的百姓从中取水。这个看门的老头是个非常善良的人，他对王爷的这一做法非常不满，于是经常偷偷地让老百姓从井中打水。一天，王爷得知了这件事，就找看门的老头质问，老头儿心平气和地对王爷说："王爷，违反您的吩咐这是我的错，可我这全是为了您好哇！"

王爷听了很不解，说老头儿是在狡辩。

老头儿接着说："王爷您一向那么聪明，怎么这时候就糊涂了呢！您想，您是富贵人家，将来免不了要雇人做事，运粮挑米啥的，如果周围的乡亲们都渴死了，

到时候您上哪儿去找给您干活的人呢?您请三思啊王爷,若是您还是不同意,今后我绝不让任何人再取走一滴水。"

王爷听了老头的话,觉得他说得有道理,也就睁一只眼闭一只眼,不再追究了。此后再有人来井里打水,王爷也不管不问了。因此,周围的

老百姓都非常感激和尊敬这位老头。从此以后,来打水的百姓越来越多,就连住在府外几十里的人也都闻讯而来。王府的这口井在这次旱灾中发挥了巨大的作用,救活了不少老百姓,从此,周围的人开始把这座井叫作王府井,王府一带叫王府井大街,就这样王府井的名字被传开了。

瓮山的由来

提起瓮山，很多人可能不太熟悉，但提起万寿山，估计大家都猛点头了。万寿山地处京城著名景点颐和园内，为燕山余脉，前临昆明湖，其山前曾建有一座圆静寺。在清朝初期，该山曾被当作宫廷养马的草料场。乾隆十五年（1750年），为庆祝皇太后六十寿辰，皇帝命人于圆静寺旧址修建大报恩延寿寺，并于次年将山改名为万寿山。

那么在乾隆十五年以前，这座万寿山叫作什么名字呢？叫作瓮山。说到瓮山，不得不提起一个古老而有趣的传说。

相传在很多年以前，瓮山这一带还不都是陆地，而是一片沼泽水洼，当地的老百姓除了几家大财主之外都靠打捞鱼虾、做点儿小买卖为生，生活十分困苦。在瓮山的半山腰里，建有一座财神庙，里面供奉的是财神爷赵公元帅。当地的老人们常说："别看这个财神庙又小又破，里面可供着一位大善人呢！这位赵公元帅心地善良，在每年的四月十五这天都会显灵，向一户穷人家施舍钱财。"

其实老人们说的事儿还真不假。因为连着几年，每年都会有一户穷人家在四月十五日这天意外获得一笔钱财，先是卖烧饼的李瞎子捡了一瓮珍珠，后是做扛活的赵老黑挖出了一瓮元宝，再接着是卖醋的老王头捡了一瓮银子……周围的老乡们见了这些稀罕事儿又惊讶又欣羡，都期盼着自家也会成为那被施恩的下一个。

可是那些大财主们知道这些事后可不仅仅是羡慕了，他们可都急红了眼！待到再一年的四月十五那天，他们也都假装穷人，穿得破破烂烂，去财神庙里转悠，妄想赵公元帅也能施给他们一笔钱财。

王有财就是这几个大财主中的一个。王有财家有良田数百亩，在京城还有几家铺子，雇着十来个伙计，可谓家财万贯。可是他依然不满足，妄想得到更多的钱财。于是在四月十五这天，王有财向一个穷邻居借了一套破破烂烂的衣服，从柴火堆里随便捡了根木棒当拐杖，就去财神庙那儿赶庙会去了。王有财在那庙会上，嘴里不停地嘟囔，说自己上有八十老母，下有几岁幼儿，穷得叮当响，望财神爷能施舍些钱财……就这样嘟囔了一上午，累得腰酸腿痛，口干舌燥，没精打采地回家了。

由于累了一上午，王有财到家后就睡了，还做了一个梦，他梦见从财神庙里蹦蹦跳跳地走出来两个一高一矮的小娃娃，只听高娃娃说："今儿晚上，元帅让我俩拿那一瓮金豆施舍给本村一个最穷苦的人家，咱们赶紧去挖金豆吧！"

矮娃娃问："元帅让咱们施舍给哪一户人家啊？"

高娃娃说："这个人就是住在山西边的大老李，他有个小孩，眉尖上长着一颗瘊子。元帅寻访了他一年才确定了这个人选。今晚元帅让咱们把金豆埋在他家西屋旮旯儿里。"

只见这两个娃娃走到山后一棵松树底下，忙活了一阵，挖出一个小瓮来，里面盛满了闪闪发光的金豆子。高娃娃抱起小瓮就走，可一不小心让树根给绊倒了，跌在了地上，把小瓮的一个瓦碴儿给磕掉了。高娃娃也没有捡那瓦碴儿，站起来拍拍身上的土，和矮娃娃一起走了。见两个娃娃抱着盛满金豆子的小瓮走了，把王有财给急得啊，他一阵狂奔，结果碰在了路边的石头上，给一下子疼醒了。醒了才发现，原来是自己做了一个梦。

醒后，王有财赶紧往那棵松树那儿跑，还真的在

树底下高娃娃摔倒的地方看到了那个瓦碴儿,王有财忙把瓦碴儿捡起来放在兜里,一路盘算着怎样才能找到那大老李,把那瓮金豆子给弄过来。

第二天,王有财一大早就起来前往山西一带转悠,见人就问人家认不认识大老李或者一个眉尖有瘆子的孩子。可是问了大半天也没有问到,就唉声叹气地往家走。刚出山西一带,他就听到一个声音喊道:"哎!大老李,给我切一块糕!"听见这声音,王有财的心里猛一咯噔,别提多高兴了。他循着那喊声望去,只见一个卖切糕的中年人把车停在路边,正在招呼买东西的人呢。王有财赶紧过去搭话,问大老李有没有小孩。谁知大老李一听就垂头丧气,说:"哎,我打了半辈子光棍,四十才刚娶上亲,如今都快六十了,还没尝过当爹的味儿呢!"

王有财听了细琢磨:"这是不是那俩娃娃提及的那个大老李呀?那个大老李明明有个眉尖有痦子的孩子啊!"正琢磨间,忽见远处跑来一个年轻人,朝着大老李喊:"李大爷您赶紧回家吧,我大娘刚刚给您生了个大胖儿子!"大老李一听,拔腿就往家跑,连切糕车和王有财都忘了。

等他再赶回来找切糕车,天都已经快黑了。见那王有财还在那儿帮他看车呢!大老李非常感激,一个劲儿夸赞王有财是个大好人。王有财忙恭喜他,说:"恭喜贺喜老大哥呀,孩子一切都好吧?"大老李笑得合不拢嘴了:"是个又胖又壮实的大小子啊,甭提多有福相啦,喜眉笑眼,眉尖上还长了一颗痦子。"王有财一听乐了,心想:我这一下午没白帮他看车,果然他就是财神爷要找的那个大老李!遂赶紧奉承说:"这就是喜鹊(雀)登梅(眉)嘛!"

此后几天，王有财总来山西一带晃悠，有事没事地找大老李聊聊天，很快就和大老李混熟了。

一天，天下起了大雨，大老李家的房子又破又老，到处漏雨。王有财赶紧借机说："老大哥，咱俩关系这么好，理应互帮互助，你家的房子漏雨漏得实在住不下去了，你就搬到我家祖坟附近的几间平房，你的房子就归我了，你看这样好不好？"大老李听了，感激不尽，第二天就搬走了。

这大老李前脚搬走，王有财后脚就迈进家门，到西屋墙旮旯去挖金豆。挖来挖去，果然挖出来一个缺沿的小瓮。他从兜里掏出那块瓦碴儿一对，正好对上了。这下他可高兴坏了，赶紧把小瓮打开，谁知没有看到满满的金豆子，反而从瓮里钻出来几条毒蛇，把他紧紧地缠住，活活给缠死了。

不久后，大老李重新搬回了山西一带。他在重建新房时，也挖出来一个缺沿的小瓮，打开一看只见瓮里盛满了闪闪发光的金豆子。

因为这一瓮金豆，是从山坡上松树底下挖出来的，所以后世人就管这座山叫作"瓮山"了。

簋街的由来

说起簋街，很多喜欢在夜间寻找美食的人肯定不陌生。

簋街位于东直门内大街，东起二环路东直门立交桥西段，西到交道口东大街东端，长约1.5千米。在这条大街上的150多家商业店铺中，餐饮服务业就占了90%，餐厅密度之大在京城恐怕难以找出第二份。因此簋街也被称为是北京的餐饮一条街。

簋街以餐馆多、风味全、特色强、价格廉、夜里"火"而著称，又以24小时服务而受到人们的青睐，是老北京城甚至全国都非常有名的一条小吃街，受到众多食客的喜爱。

关于簋街名称的由来，历来有很多个版本，其中一个比较权威的版本是这样的。

据说在清朝的时候，北京的各个城门都有它专门的用途，不得随意使用。例如德胜门就是朝廷出兵所走的门；宣武门是处决犯人所走的门；东直门是专门为了

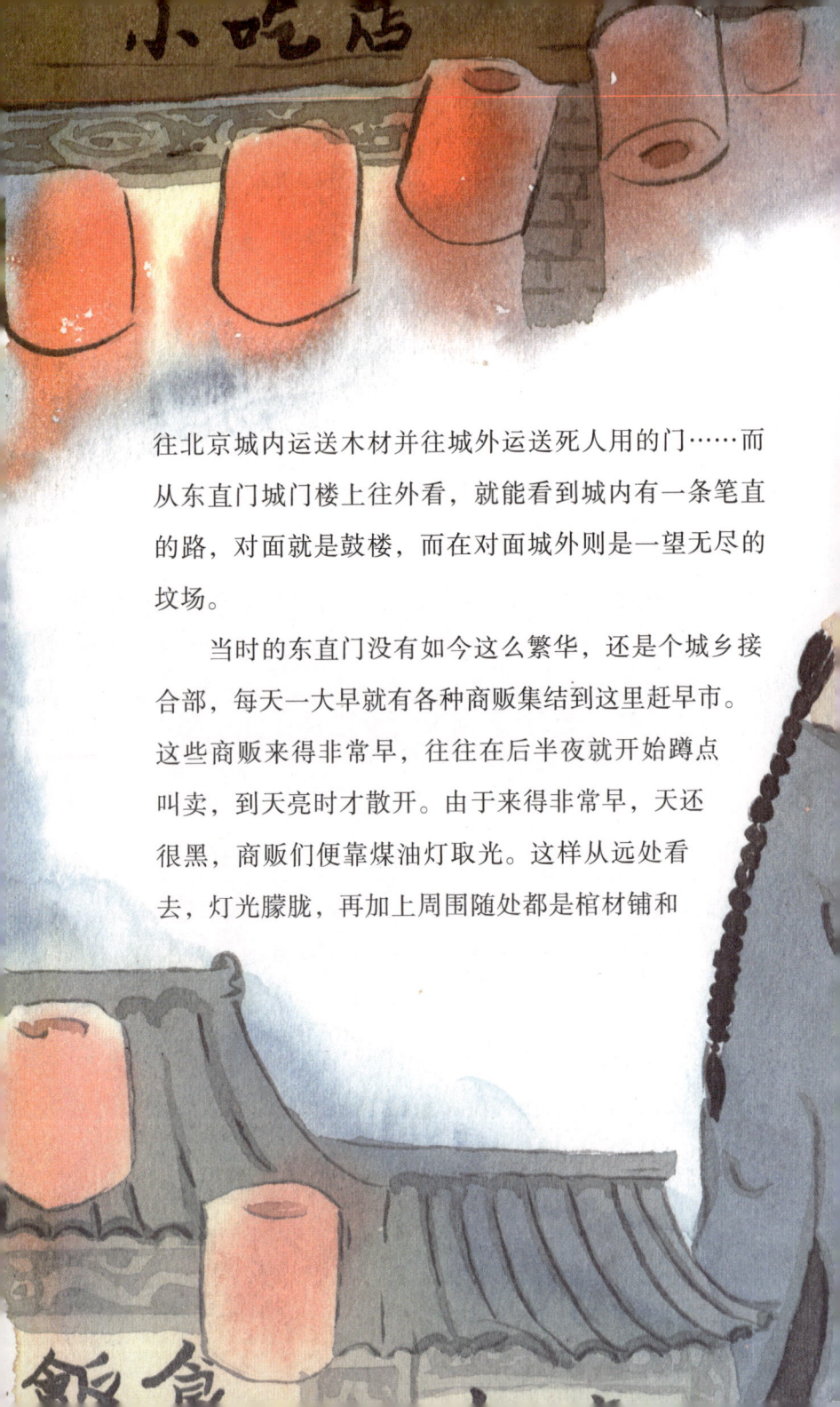

往北京城内运送木材并往城外运送死人用的门……而从东直门城门楼上往外看，就能看到城内有一条笔直的路，对面就是鼓楼，而在对面城外则是一望无尽的坟场。

当时的东直门没有如今这么繁华，还是个城乡接合部，每天一大早就有各种商贩集结到这里赶早市。这些商贩来得非常早，往往在后半夜就开始蹲点叫卖，到天亮时才散开。由于来得非常早，天还很黑，商贩们便靠煤油灯取光。这样从远处看去，灯光朦胧，再加上周围随处都是棺材铺和

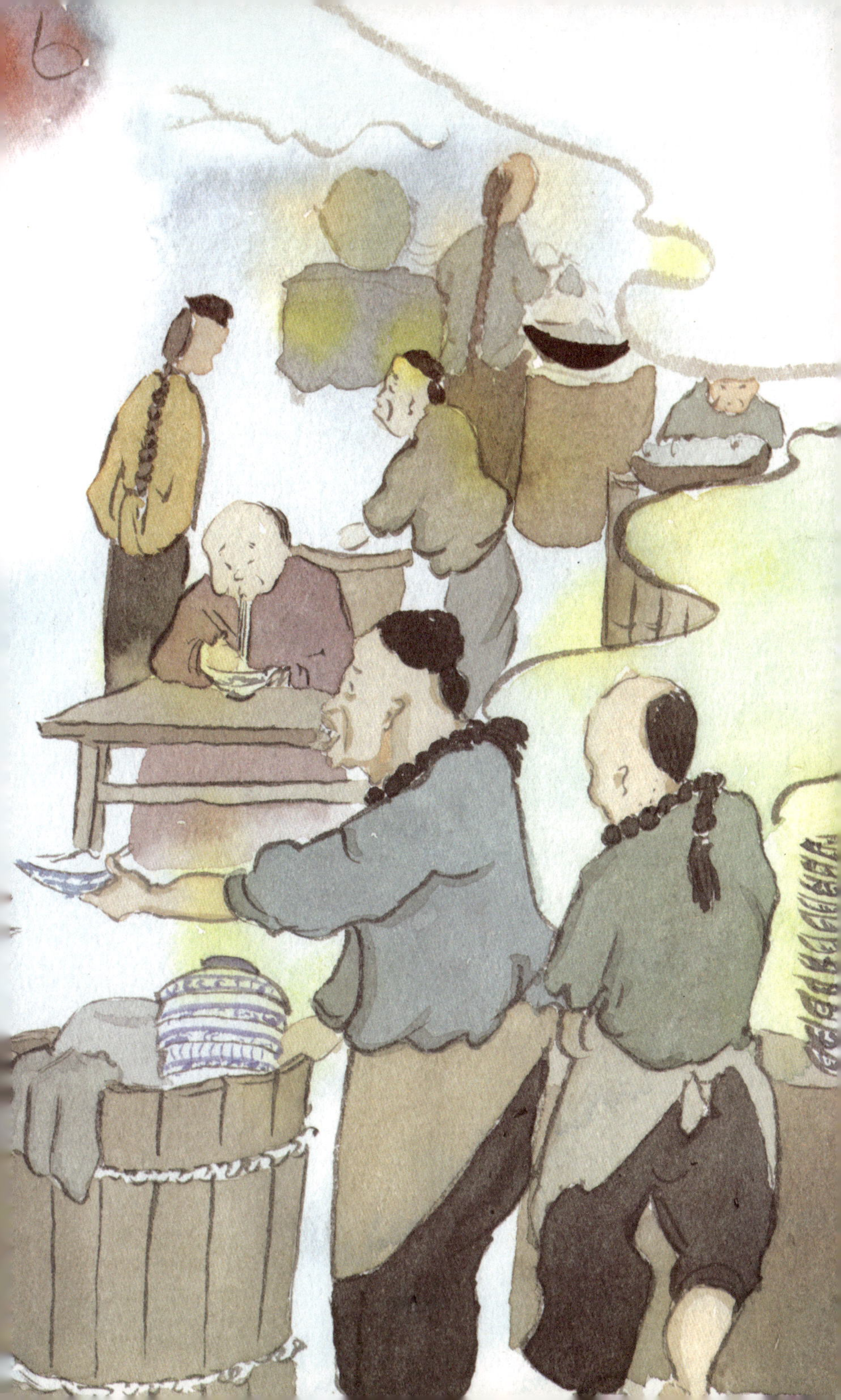
6

杠房，让人觉得非常阴森、毛骨悚然，所以，这个早市也被人戏称为"鬼市"，慢慢地这个地方也被人称为"鬼街"。

许多年后，有很多商贩在东直门大街两侧开了商铺，然而几乎都有亏无盈，最终关了门。这件事在北京城被称为一奇。后来，人们发现，在这条街上，只有做饭馆的生意才能成功，而且还有一个现象是，这里的饭馆白天几乎无人光顾，到了晚上却门庭若市、人来人往。

由于夜里热闹而白天无人问津的反差，"鬼街"在北京的名气越来越大。后来很多商人从中发现商机。后来，这条餐饮一条街被叫作了"簋街"，与饮食文化紧密相连。

如今的簋街发展势头非常好，顾客非常多，已经成为北京饮食文化的代表和时尚餐饮的标志，很多人的夜生活都是从簋街开始的。在和北京共同成长的很多个值得祝贺的日子里，例如申奥成功或者重大的纪念日里，很多人都会选择在簋街度过。彼时，大家一起歌唱、喝酒、拥抱、哭泣、庆贺，创造了很多美好的回忆。因此，簋街也被称为"夜食者的天堂""灯火璀璨不夜街"。

天安门华表的来历

凡是初次到京城的人，无论是出差还是旅游，多会到天安门前去参观。而到天安门前参观，必少不了一睹华表的风采。立于天安门城楼前的那一对汉白玉雕刻的华表，周身雕刻精致，浑圆挺拔，直冲云霄，与雄伟美丽的天安门城楼一起，构成了一幅绝美的图画。所以不少人还专门与华表合影留念。

但除了见识到华表那雄伟、庄严的外表，你了解华表的历史演变吗？又知不知道天安门前的一对"华表"有着什么样的意义吗？

华表是一种巨大石柱，主要用来做古代宫殿、陵墓等大型建筑物前面的装饰物。原为木制的高柱，其顶端用横木交叉成十字，似花朵状，起某种标识作用，故称之为华表。相传华表既可以作为道路的标志，又有方便路人"谏言"的作用，出现于原始社会的尧舜时代。当时，人们在交通要道设立一个木柱，作为识别道路的标志，后来的邮亭、传舍也用它做标志，它的

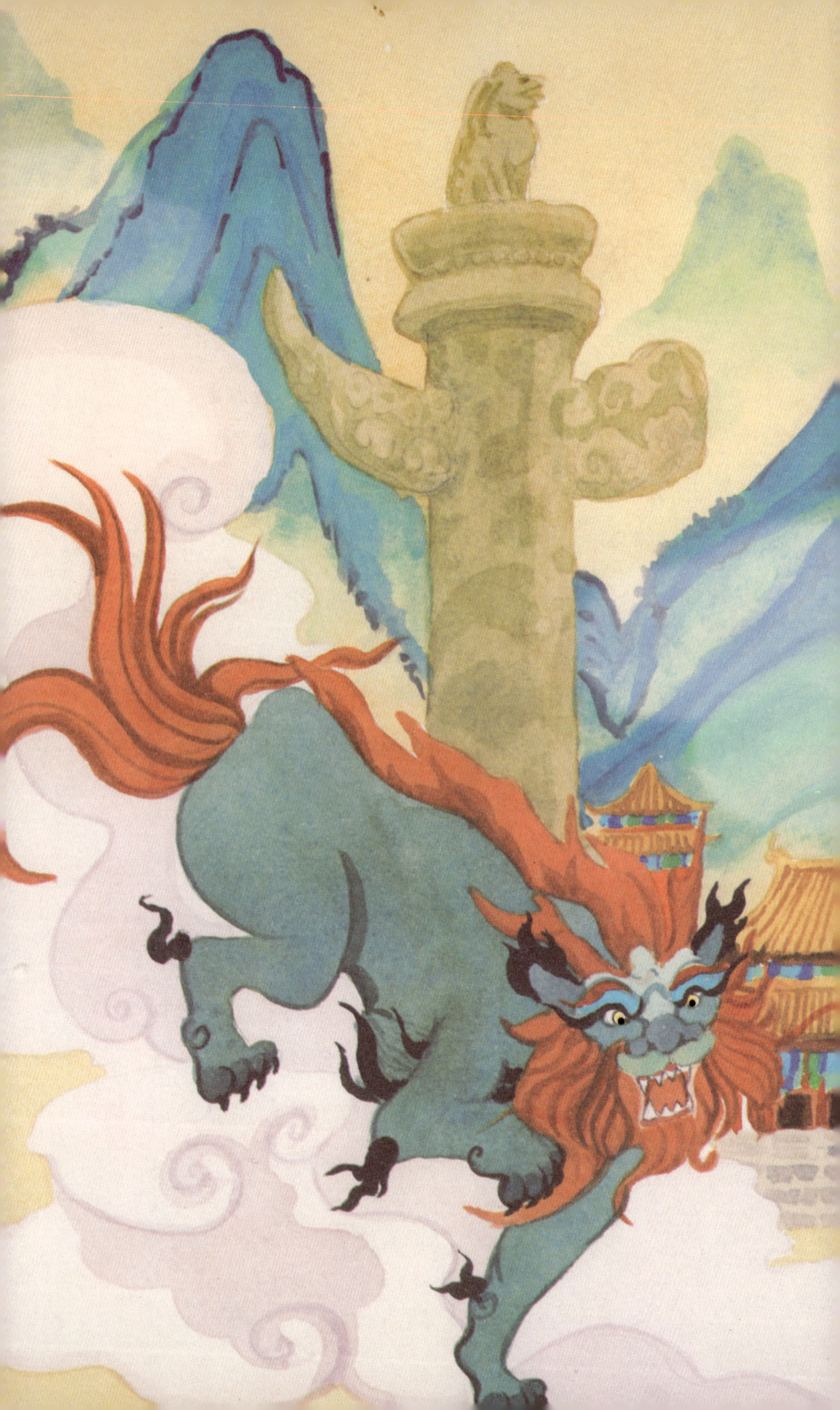

名字叫作"桓木"或"表木",后来统称为"桓木",因为古代的"桓"与"华"音相近,所以后世人慢慢地读成了"华表"。

除了可以做道路的标志外,华表还有一个功能,那就是让人们在上面刻写自己的意见,也因此华表又叫作"诽谤木"。根据史料记载,舜在位的时候就有这种诽谤木了。只是当时"诽谤"一词并非今天的含义,今天的诽谤之义是造谣污蔑,而古时候诽谤的意思是指议论是非、提意见。所以"诽谤木"就相当于今天的"意见箱"。为什么用华表来记载人们的意见呢?因为华表作为道路的标志,通常都会安置在路口,那里人来人往,适合展示各种争议和意见。在这里设置华表,有助于君王广泛地听取老百姓的心声,据以实施各项民政措施。

然而随着时间的流逝,封建君主

制取代了原始社会体制，帝王们为树立自己的绝对权威，当然不允许百姓随意对封建王朝提意见了。封建君主将这流传甚广的"诽谤木"形式纳入皇家专用，将大木柱雕刻上龙、云之纹，以表示君王是龙的化身、云海上的天子，安置于皇宫或帝王陵寝之前，成为皇家建筑的一种特殊标志。

其实，关于天安门的华表，有着更富内涵的传说。天安门共有两对华表，分别立于天安门前后。如果你曾在天安门前仔细观赏过华表，你就会发现柱顶上雕刻有一个蹲着的神兽。据说这神兽名叫"犼"，是专门用来守家看户的。天安门前华表上的"犼"，兽头面向宫外，其用意是希望君王不要沉溺于山水风流而不理朝政，似乎在对外出游览的君王说："君王您赶紧回来处理朝政、治理国家吧！"因该兽有着这层意义，所以又被叫作"望君归"。而天安门里边的一对华表，其顶端同样也蹲立着一座石兽"犼"。不过这只"犼"，面向北方，朝着宫殿的方向，其用意是劝诫君王不要沉溺于后宫玩乐，要经常寻访民情。所以这只"犼"又被叫作"望君出"。这些关于华表的故事，充分地传达了老百姓希望君王勤勉、亲民的朴素感情。

天安门石狮子的传说

在天安门前,金水河两岸的东西两侧,各有一对厚重敦实的守门石狮。这四只石狮雕刻精美、栩栩如生、左右成对、遥相呼应。它们双目圆睁,全神贯注地紧盯着天安门前中间的御道,如真龙天子跟前的忠实卫士。

仔细观察这石狮子,细心的人会发现,位于天安门西边、金水河北岸的那只石狮光滑的前胸上有着一道非常明显的伤痕凹坑。守候在天安门前的石狮本应被保护得很好,却为何会有这么一道伤痕呢?是当年石雕工匠工作上的失误,还是后来有人故意破坏?

其实这个伤痕与李自成有关。

明朝末年,李自成带领起义军,浩浩荡荡一路北上,攻破关口,连打胜仗杀入北京城。那个时候,明朝末代皇帝崇祯帝被李自成的起义军吓得跑到了景山,在那自缢了。而那些守城的官兵根本抵御不了李自成的起义军,再加上皇帝都死了,他们个个都无心应战,很快，李自成的大兵就打到城下了，把守广安门的太监投了降，打开城门将李自成迎了进来。

李自成进了广安门后，很快来到了正阳门，可当时把守城门的大将李国桢死活不开城门，双方打了起来。最后李国桢战败，赶紧跑了。李自成便率领着起义军闯进了正阳门，进了大明门。大老远便看到一座高大的、上书"承天之门"四个金色大字的城楼。这时，李自成的手下便指着那座城楼说那就是明朝的"承天门"（1651年承天门改名为天安门，牌楼拆除，改建成今天的样子）。李自成非常气愤，他随手

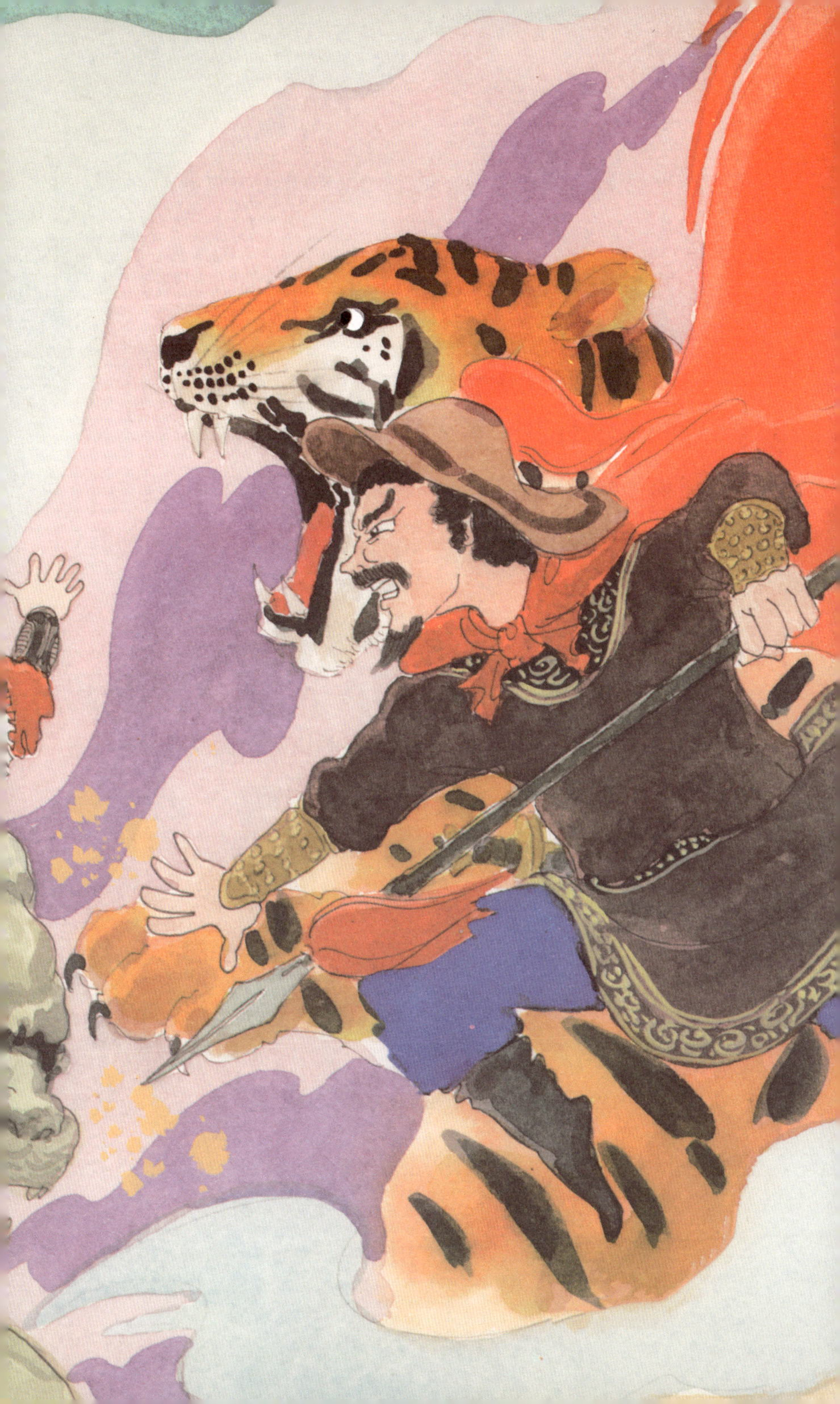

举起铜胎铁背硬头弓,搭上一支铅头飞羽长啸箭,"吧嗒"一声射将出去,但见流星飞鸿,正中"天"字!李自成大吼:"我看你还叫承天!"李自成的话音未落,起义军的兵将都齐声高喊,欢呼万岁!

李自成接着带着起义军向承天门走去,看到在承天门牌楼的南北两面各有一对汉白玉石狮子。这两对石狮子雕刻得真好,大伙儿都啧啧称奇。就在这时候,忽然一个士兵喊了一声:"王爷小心,那石狮子后面有人影!"

李自成听了,大声呵斥道:"胡说八道!怎么可能有人!"原来,李自成早就看到一个石狮子后面藏着一个人,只是没有声张。说时迟那时快,李自成赶紧托枪催马,就奔东面那个石狮子扎去,只听"当"的一声,石狮子肚子上被扎了一个枪坑,火星乱爆。只见后面跑出来一条人影,跌在了地上。士兵们将那人影捉了来,是那李国桢。原来李国桢从正阳门逃跑后,企图从崇文门逃走,不料被起义军挡回。最后走投无路,才躲在一个石狮后面,不想结果还是没有逃脱。

从这个时候起,那个石狮子的胸部便有了一道枪坑,直到今天,依然如此。

前门楼子真有九丈九高吗

老北京城的城门有很多,其内城有九个城门,其中的正阳门是内城的正门,因它处于紫禁城的正前方,所以又被称为"前门"。正阳门是北京最高也是最重要的城门,所以民间的老百姓都亲切地称它为"大前门"。

关于前门,老北京人有很多说法,如"前门楼子九丈九,四门三桥五牌楼""前门楼子九丈九,九个胡同九棵柳""前门楼子九丈九,王口花炮响上头"……这些说法里面,提得最多的就是这一句"前门楼子九丈九"。这是什么意思呢,是说前门楼子有九丈九高吗?

其实不是。在中国,"九"是个非常崇高、非常吉祥的数字,象征着至尊至大。所以前门楼子并不是高九丈九,其"九丈九"的说法主要是为了表明前门的高大、气势恢宏。

那么,前门楼子究竟有多高呢?

关于前门城楼的具体高度,之前一直没有一个官方的准确答案,有的说高41米,有的说高42米,还有的说高 40.36 米……各种答案都有。为了得出最准确的答案，北京市古代建筑研究所在对前门进行修葺的前夕，专门对其进行了实际测量，最终得出的精确数据是：前门通高（也就是从室外地平线到门楼正脊上皮）为 43.65 米，其箭楼通高为 35.37 米！均高于九丈九。由此可知，前门是北京最高大的城门建筑。

其实，说前门楼子高九丈九，还有一个有意思的传说。

据说，当初修建前门楼子的时候，皇帝下旨说，正阳门作为北京城的正门，一定要好好地设计、修建，并专门提出了如下要求：高度必须是十丈，而且在下面还要有一个墩台，墩台的上面有两层城楼，所以整个楼子共有三层，这三层的高度要一致。

负责城楼设计工作的雷师傅收到皇帝的旨意后，着急万分，因为他认真计算过，如果按照皇帝的旨意盖成三层共十丈高，那么每层的高度必须是三丈三尺三寸……没法除尽，这是多么困难的一件事啊！

雷师傅为此苦苦思索了几天几夜，都没有想出一个办法来。一天，他正坐在工地边上，边看着工匠们干活边想办法，突然看到一个卖酒的老汉推着一辆小车走了过来,边走还边吆喝:"酒!酒……酒!酒……"

雷师傅当时正想着事儿,猛地被老头打断了,心里非常生气。他心想,这个老头儿真没有眼力见儿,竟然跑到工地上来卖酒,那工匠们喝了酒还怎么干活儿呀!非得出事故不可!正想让人把他轰走,突然他灵机一动,想到酒与"九"谐音,九丈九正好被三除尽,每

层三丈三，顶部再加个琉璃兽头，高度也够十丈了，这样就符合皇帝的要求了……雷师傅越想越开心，心想这老头儿真是自己的大恩人，赶紧派人去请，可是找了老半天，再没看到那老头儿的影子。

经过一年多的辛苦施工，前门那高大、宏伟、靓丽的城楼就建成了。

在几百年的风吹雨打中，前门楼子虽然曾经遭遇过两次火灾，分别是清朝的乾隆四十五年（1780年）和道光二十九年（1849年），但都得到修缮。后在清光绪二十六年（1900年），八国联军入侵北京城的时候，前门楼子又在战乱中被摧毁，只剩下光秃秃的城墙和城门洞。过了一年，流亡西北的慈禧太后和光绪皇帝"回銮"的时候，只能在城门上临时扎制了五间纸牌坊，用以装点门面。这座拥有五百年历史的老城门可谓历尽沧桑。

前门在几次修缮的经历中，经历的最大的一次修缮，是在1915年由北洋政府内务总长兼北京市政督办朱启钤主持的改建工程。这次改建工程对前门实施了全面的翻修，成就了今天世人眼中的"前门楼子"。

正阳门门匾的"门"字为什么没有钩儿

在天安门广场的南边,背对着毛主席纪念堂,有一座宏伟壮丽、古色古香的城门,它就是正阳门。正阳门,也被称为前门、前门楼子,是老北京城最高的建筑,楼高33米,通高42米,比天安门还要高8.7米。明、清两朝,每逢皇帝去天坛祭天,去先农坛演耕,正阳门都会开启正门,龙车从此经过。

作为京城九门之首的正阳门,关于它的传说非常多,但其中最让人感兴趣的莫过于其门匾的"门"字没有钩儿这回事了。其他城门门匾上的"门"字儿,最后一笔是一竖一钩儿,只有正阳门的"门"字儿不带钩儿,而是直直的一竖。这到底是为什么呢?

相传,这正阳门门匾上的"门"字之所以没有钩儿,与明朝弘治年间发生的一件大事有很大关系。

那是在明朝弘治六年(1493年)的夏季,当时旱灾蔓延,蝗虫成灾,折磨得老百姓苦不堪言。就连北京城的四周也都在闹蝗灾，闹得人心惶惶。孝宗皇帝看到这种情况，就想着出宫去查看一番。

不想孝宗皇帝一行人刚走出正阳门外，就看到前面飞来乌压压一大片蝗虫，大臣们赶紧护驾，连哄带劝地把孝宗皇帝往城门洞子里拉。就在拉拉扯扯中，孝宗皇帝被一群蝗虫"追"着，跑回了宫里。

别说体察民情的事儿了，就连皇宫的门都没有出去，孝宗感觉自己在大臣面前很没尊严，心里非常不高兴。但他没把责任归于自己的胆怯，反而怪罪起城门来。他对大臣们说："朕本来是一门心思要出城的，但就在要出城门时，突然觉得有东西钩住了朕的龙袍，使朕没有出得城去。"

大臣们听了，都没明白孝宗表达的是个什么意思，便都没敢搭腔。

孝宗皇帝接着说："朕想了半天，才想出个道道来。就是因为城楼门匾上正阳门这三个字中的'门'字有一钩，这一钩太不祥了。门嘛！就应该畅通无阻，怎么能有钩子搭衣绊脚呢？"

大臣们听了，这才明白了孝宗皇帝的意思，赶紧点头称是。

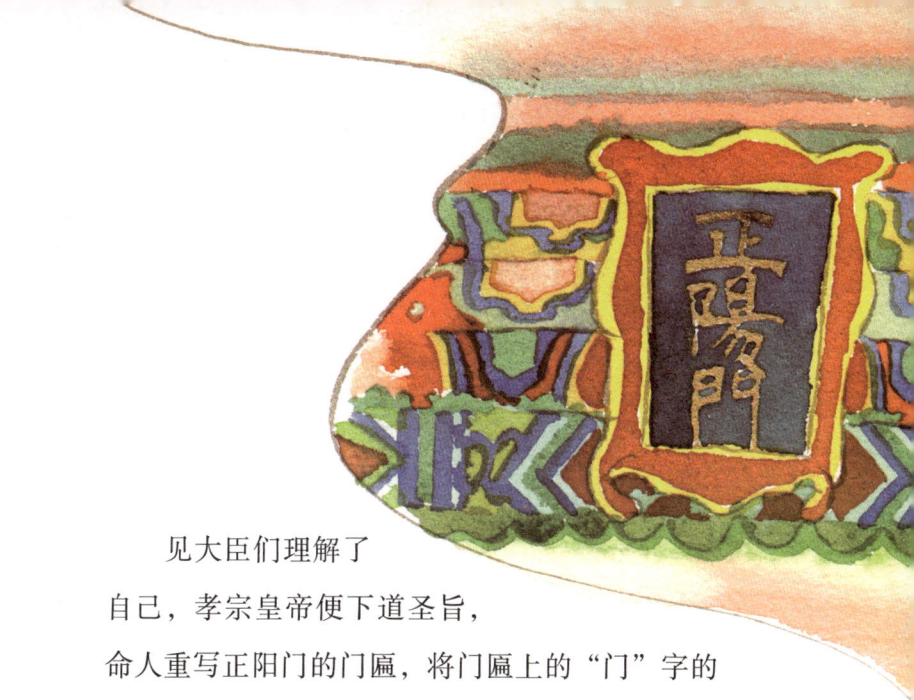

见大臣们理解了自己，孝宗皇帝便下道圣旨，命人重写正阳门的门匾，将门匾上的"门"字的钩儿抹掉。从此以后，正阳门门匾上的"门"字便没有钩儿了，并且延续至今。

西便门真的进过老虎吗

西便门位于北京城墙西南端角楼旁边，是北京外城西南角城门，主要由城楼、箭楼、瓮城组成。西便门和东便门是北京修建较晚的两个城门，最初叫"偏门"。后来叫着叫着，就成了"便门"。

说起西便门的稀罕事儿，不得不提雍正年间西便门进老虎的事儿。

其实要说起这事来还真挺玄乎的，那是在雍正三年（1725年）的十月份，一只野虎闯进了北京城里年羹尧家。这件事后来还被收录在乾隆年间萧奭著的《永宪录》里，主要内容是：虎由西便门进正阳门西江米巷，入年羹尧旧宅，咬伤数人。九门提督率侍卫枪毙之。上降谕："朕将年羹尧解京，本欲仍加宽宥，今伊家忽然出虎，真乃天意当诛。将虎仍还伊家。"相传羹尧生时有白虎之兆。都城人烟稠密，环卫森严，竟无人见虎所由来，亦非偶然矣！

这里所提及的正阳门就是我们今天所说的前门，

而西江米巷就是今天的西交民巷。说起年宅进老虎的前因后果,必须讲一下当时的北京历史。

当时是雍正三年的十月份,年羹尧已经被革除了大将军职位,待在杭州等待皇帝发落。一个月后,年羹尧被押送回了北京,议政大臣罗列年羹尧九十二大罪,并请求对年处以极刑。最终,年羹尧被赐自尽。西便门进老虎的事儿便发生在这种历史背景下。

西便门进老虎的事儿发生后,很多人对这件事非常不解,说:"既然'无人见虎所由来',那又是怎么知道老虎是从西便门进、经正阳门到达西交民巷的呢?又怎么知道这只老虎是一只野虎呢?"

甚至还有人提出这样的疑问:"这只老虎怎么不去别人家,偏偏跑进了罪臣年羹尧家?难道其中有什么隐情?"更让人觉着不可思议的是,既然是只野虎,为何还在打死后"将虎仍还伊家"?既然是野虎,又何来"归还"之说呢?

由此可见,乾隆年间萧奭著的《永宪录》里,关于这件事儿有很多矛盾、失实之处。很多人竟大胆地猜测说,这只老虎本来就是年羹尧家里饲养的,当时由于年羹尧出了事,无暇顾及家中宠物,那老虎得空便出来伤人。这种说法其实有着很大的可能性。

首先，当时北京城皇家内苑饲养的动物里，肯定是有虎的。有例子为证，康熙二十二年（1683年），康熙帝为庆祝海宇荡平，特举办庆贺活动，其中就请了一出戏，这场戏叫《目连救母》。在这场戏里，就使用了真马、真象和活老虎！试想一下，如果不是自家驯养的老虎，保证了百分之百的安全，怎么敢让其在皇宫里帝后们面前出现呢？

而年羹尧在职期间，颇受雍正皇帝的恩宠，随着功劳的增多，渐渐变得盛气凌人、恃宠而骄，他为了显示自己的尊贵地位，饲养老虎也是有可能的。所以，传闻里所提及的那只闯进西便门的老虎真可能就是年羹尧家自己养的呢！

北新桥的由来

北新桥是今天北京的一个重要的交通枢纽。

北新桥,名称里含有一个"桥"字,然而实际上却没有桥,更没有桥翅儿。那么,为什么大家都称其为北新桥呢?

相传在很久很久以前,高亮遵刘伯温的命令去找龙公、龙婆赶水时,一枪扎破了龙女所变的水篓子,慌忙之中,龙婆就带着受伤的女儿逃到了山北的黑龙潭,在那里安顿了下来。

如今的黑龙潭里还有一种能撞石头的小鱼儿,相传就是龙婆的后代。高亮将龙女所变的水篓扎破后,龙公气愤至极,他带着滔滔洪水追杀高亮。高亮死后,水也还了原。然而,龙公却气愤难平。可是迫于能力所限,又不敢得罪刘伯温,只得领着龙子以及龙子那一肚子甜水,顺着玉泉山泉眼,逃到地底下去了。这也便是如今玉泉山泉水又多又甜的原因了。

龙公虽然逃到了地底下,可始终忘不了侵袭北京城,他在心里嘀咕道:怎么着也得把地盘给抢回来。现在刘伯温修城,但总有完工的那一天,等刘伯温走了,我再出来出气也不迟。于是,龙公和龙子便在地底下老老实实地住了下来。

过了几年,北京城终于给修建好了。就在向皇帝交差的前一天晚上,刘伯温突然想道:"如今我修城,所以那孽龙不敢来闹,可等我走了,保不准那孽龙回来捣乱啊,我得想个法子制服那孽龙。"这时,他想到了和他一起做建城规划图的姚广孝。

于是,刘伯温便去找姚广孝,说:"八臂哪吒城图是咱二人画的,明日我去向皇上交差时,就说北京城也是咱二人修建的。只是明日我要回去交差,我怕在我走后,那孽龙又回来捣乱,所以由你在这里坐镇怎样?"姚广孝听后非常高兴,欣然答应了。

待刘伯温走后,那龙公便和龙子带着水一起顺着地下水道,往北京城来。父子二人在北京城的地底下看见了一处海眼,就往上撞,不曾想,二人非但没撞出去,龙头上还撞了一个大包,原来上面有"镇物"。接着,他二人又撞了好几处海眼,直把脑袋都撞肿了,也没有撞出去,他们心里恨死了刘伯温。

就这样走啊走、撞啊撞的，龙公二人又看见了一处海眼，于是又试着撞了一次，没想到，这一回他们一撞就撞出了地面。龙公二人撞地而出的地方，就是今天的北新桥。

龙公、龙子撞出地面后，就把带来的水一股脑倾向了北新桥附近。很快地，北新桥的四周溢满了水，附近的老百姓哭天喊地、死伤无数。龙公、龙子看到这场面别提多得意了。

很快地，姚广孝就得知了这一消息，他赶紧手执宝剑奔向北新桥。到北新桥后，他拿剑一指，三划两划便把水给止住了，接着翻身一跃，跳到水面上大喊："孽龙，你竟胆敢水淹北京城，今天就让你瞧瞧本军师的能耐！"

听到姚广孝的话，龙公大吃一惊，心想：怎么大军师刘伯温前脚刚走，后脚就跑来一个二军师？看这二军师，也不是好对付的，一定要小心防范！想着，便对龙子使了个眼色，父子俩各自亮出一把青龙剑，朝着姚广孝猛刺。

姚广孝急忙招架相迎，然而对方的合力终究厉害，姚广孝很快就要支持不住了。在这紧要关头，只见空中霞光一闪,龙公哎哟一声就躺在水面上了,大腿上鲜血直流。姚广孝还没有明白怎么回事儿,就听见有人大喊了一声:"姚军师,我是大宋的岳飞,你快去擒拿小龙!"

姚广孝听了,高兴万分。一边向龙子挺剑刺去,一边高声让岳元帅留步,但岳元帅很快便走了。就在龙子一愣神的工夫,姚广孝一剑刺倒了他。就这样,龙公、龙子被姚广孝给捉住。北新桥四

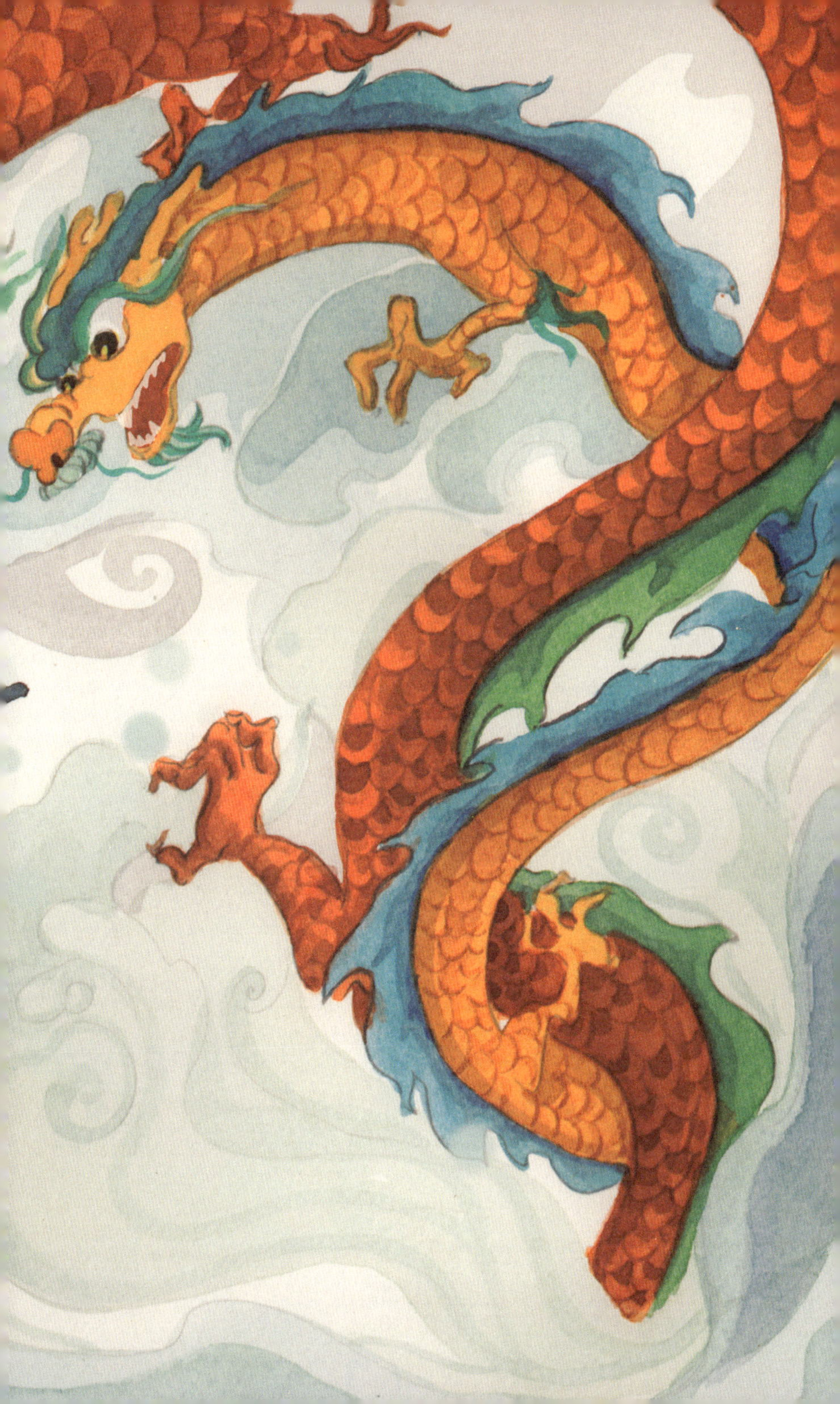

周的水也就跟着落下去了,并且永远也不会再涨起来。

可是捉住龙公龙子后,姚广孝犯了老大难。难就难在该把龙公龙子安置在哪里合适呢?他想来想去,决定把龙公锁在北新桥的海眼里,再在海眼上修一个深井筒子,拴上长长的大锁链,井上再修一座三间大殿的庙宇。庙里供什么神像呢?姚广孝想起帮他拿住龙公的不是岳元帅吗,就供岳飞吧!

龙公在被关押之前问姚广孝:"姚军师,您什么时候把我给放出来呢?"

姚广孝说:"那就等到这座桥旧了,修起桥翅儿来,你再出来吧!"

从此,这个地方就叫了北新桥,而且北新桥也从来没有过什么桥翅儿。

锁住龙公后,姚广孝又要去处理龙子,他把龙子锁在了崇文门镶桥下的海眼里。龙子也问:"姚军师,您什么时候把我给放出来呢?"

姚广孝说:"什么时候你听见开城门的时候打点,就是你的出头之日到了!"

从此,崇文门开城、关城都不再打点,一律改为敲钟。

八宝山的由来

在北京，很多人去世后都会被安葬在八宝山公墓，八宝山也因此成为一个非常神秘的地方。

其实，八宝山原来并非公墓，它在明代时期拥有很多处名胜，例如延寿寺、灵福寺、朝阳庵，在西峰上还建有娘娘庙，其中最著名的是褒忠护国寺。褒忠护国寺又被称为黑山护国寺，建于明朝，是为了纪念当时的名将刚炳而建。黑山护国寺内建有刚炳墓，但经过岁月的侵蚀，如今只剩下墓碑和墓前的石龟了。日本侵华时期，当时的日本侵略者为了纪念其死难的日军，在山上建了一座名叫忠灵塔的塔。1946年，为了纪念抗日战争中牺牲的国民党官兵张自忠等38位将领，忠灵塔被改建为忠烈祠。中华人民共和国成立后，陆续于山上建了八宝山革命公墓、八宝山第二公墓和北京西郊殡仪馆。

如今，八宝山因有两大公墓而为众人所知，但却很少有人知道其为何被叫作八宝山，难道是因为山上真有八宝吗？

相传，在八宝山脚下的山洞里的确藏有八宝，到底是哪八宝呢？所谓八宝，指的是马牙石、白垩、青灰、红土、坩土、黄浆、板岩、砂岩等八种黏土矿物。马牙石，又称方解石，主要成分为石英，也是人类最早认识和利用的矿物；白垩，俗称白土子或大白，白色，质软，是石灰岩的一种，分布很广；青灰，是一种含有杂质的石墨，青黑色，常用来粉刷外墙面或搪炉子，也可用作颜料；红土，是较好的天然地基和筑坝材料；坩土，也称耐火土，是火炉内膛的主要原材料，还可以制成耐火砖；黄浆是木器的涂料；板岩常用作制造房瓦及石砚的原料；砂岩是研磨、玻璃、建筑等工业的原材料。八宝山便因此八宝而得名。

其实，关于八宝山的"八宝"，还有一个非常有意思的传说：相传在很久很久以前，八宝山脚下的山洞里藏有金牛、金马、金鸡、金碾子、金磨、金豆子、金簸箕和金笸箩等八件宝贝，无人知晓。

当时山脚下有一个村庄，村庄里住着一户人家，这家有两口人，是一对无儿无女的李姓老年夫妻。老李和老伴儿无依无靠，只能靠种些丝瓜维持生计。

一年，老李老两口在自家屋后种下丝瓜籽后，按照往年的经验，浇水、施肥、松土，可一段时间过去了，只见瓜秧越长越长，却怎么着都不结瓜。这要搁往年，可早就结了几十个丝瓜了呀！老两口很是着急。终于有一天，瓜秧的深处开出了一朵花，后来结了个丝瓜，可老两口又发愁了。为什么呢？因为好不容易长出的那个丝瓜却没有个丝瓜样，长得上粗下细，反倒像一个倒挂的葫芦。

一天，老两口正在家门口闲聊，看见从村南头走来一位老头儿，这位老头儿路过老两口屋后看到那个丝瓜突然停下了。只见他一会儿朝山看看一会儿又朝丝瓜看看，用手指掐算了半天，就冲老两口走了过来。老头儿走近向老两口作了一个揖，说："烦请二位将这个丝瓜卖给我，我宁愿出高价。"

老两口摇了摇头，说："实在对不住老先生，今年我家就结了这么一个丝瓜，打算留着当种子用，不能卖。"

老头儿却坚持要买，声称是为了给孙子看病用的。老两口是个热心人，一听是为了人家孙子看病，就一口应承了下来，还不要人家的钱。老两口正要为老头儿把丝瓜摘下，老头儿赶紧制止了，说："请慢！现在这丝

瓜还不熟，还不能做药，等到熟透了我自会来取的。"说着又向老两口作了一揖，转身走了。从此，老两口更加仔细地照料这个丝瓜。

其实，老两口被这个老头儿给骗了！原来，这个老头儿是个风水先生，他此行不是找丝瓜来给孙子治病，而是来寻宝物的。什么宝物呢？原来他最近几天掐算到山下埋藏着宝贝，但取出这些宝贝需要开山的钥匙，于是他便找啊找。当他在老两口屋后看到这个丝瓜时，突然眼睛一亮，这个丝瓜正是那把开山的钥匙呀！于是他便向老两口撒了个谎。

老头儿走后，在老两口的精心照料下，丝瓜长得越来越好，慢慢就成熟了，可还是不见老头儿的影子。立秋很快就来临了，开始下起了霜，老两口怕丝瓜被冻坏，就先把丝瓜给摘下来了，放在一个木箱子里，等老头儿来了就给他。

一个夜晚，老头儿终于来了。他兴奋地跑向丝瓜，可那里哪里有丝瓜的影子，只剩下一堆瓜秧。老两口看见老头儿来了，赶紧将丝瓜从木箱子里拿出来给老头儿。老头儿一看急眼了，跺脚说："哎呀这可坏了，二位摘得太早了，这下不管用了。"说着垂头丧气地把丝瓜拿走了。

老两口看老头儿的样子，觉着有点不对劲，于是悄悄地追随者他，看看他到底要干什么。走了好长时间，只见老头儿在一座山坡前停了下来，用丝瓜在地上画了一个圆圈。只见山坡上立即出现了一扇门，露出了一个洞，但洞口只开了一道小小的缝。老两口凑上去一看，眼珠子都快瞪出来了！原来里面堆的全是宝贝，什么金牛、金马、金鸡呀，还有金磨、金笸箩、金簸箕，靠门还有一个金碾子在转，从碾子上掉下来的全是金豆子。

只听老头儿在那自言自语："唉，都怪那老两口摘得早了，要不缝隙大点我就可以进去拿宝贝了。"说着，老头儿就把手伸进了洞缝里，先拿了一个金簸箕，可是那缝隙太小了，老头儿怎么拿也拿不出来。就在这时，里面的那只金鸡"咯咯"叫了起来，老头儿说了声："坏啦！"就赶紧把金簸箕给扔了，又抓了一把金豆子。正要往外拿的时候，老李过去打了他胳膊一下，老头儿手一哆嗦，金豆子全掉在洞里了，门也关上了。

老头儿气得正要骂人，扭头一看是老李老两口，知道自己理亏，先前骗了人家，于是一声不吱地走了。

从此以后，村里人都知道这座山里埋着八件宝贝，就把它叫作八宝山了。

牤牛桥的由来

翻看北京海淀区的地图,你会发现有这么一个地方,它位于北土城西路附近,叫作"牤牛桥"。所谓牤牛,即公牛的意思。

相传在明朝时期,四川一带有一位法名为遍融的高僧,他喜欢云游四海,身边也没有什么人伺候,只有一头牤牛跟着。遍融高僧就是整日地骑在牛背上,靠向过路的老百姓化缘为生。

就这样走了几年,遍融来到了北京城。来到北京城后的他,当上了千佛寺(即德胜门内大石桥胡同的拈花寺)的首任方丈。

通常的时候,遍融都是自己在千佛寺内处理寺内杂务,只让身边的那头牤牛单独驮上一个黄布袋子,到京北一带募化供养,近至城关,远至清河,朝出暮归,从不间断。

时候长了,周围的老百姓都知道千佛寺的方丈养了一头神奇的"募缘牛"。老百姓们对这头牤牛都十分

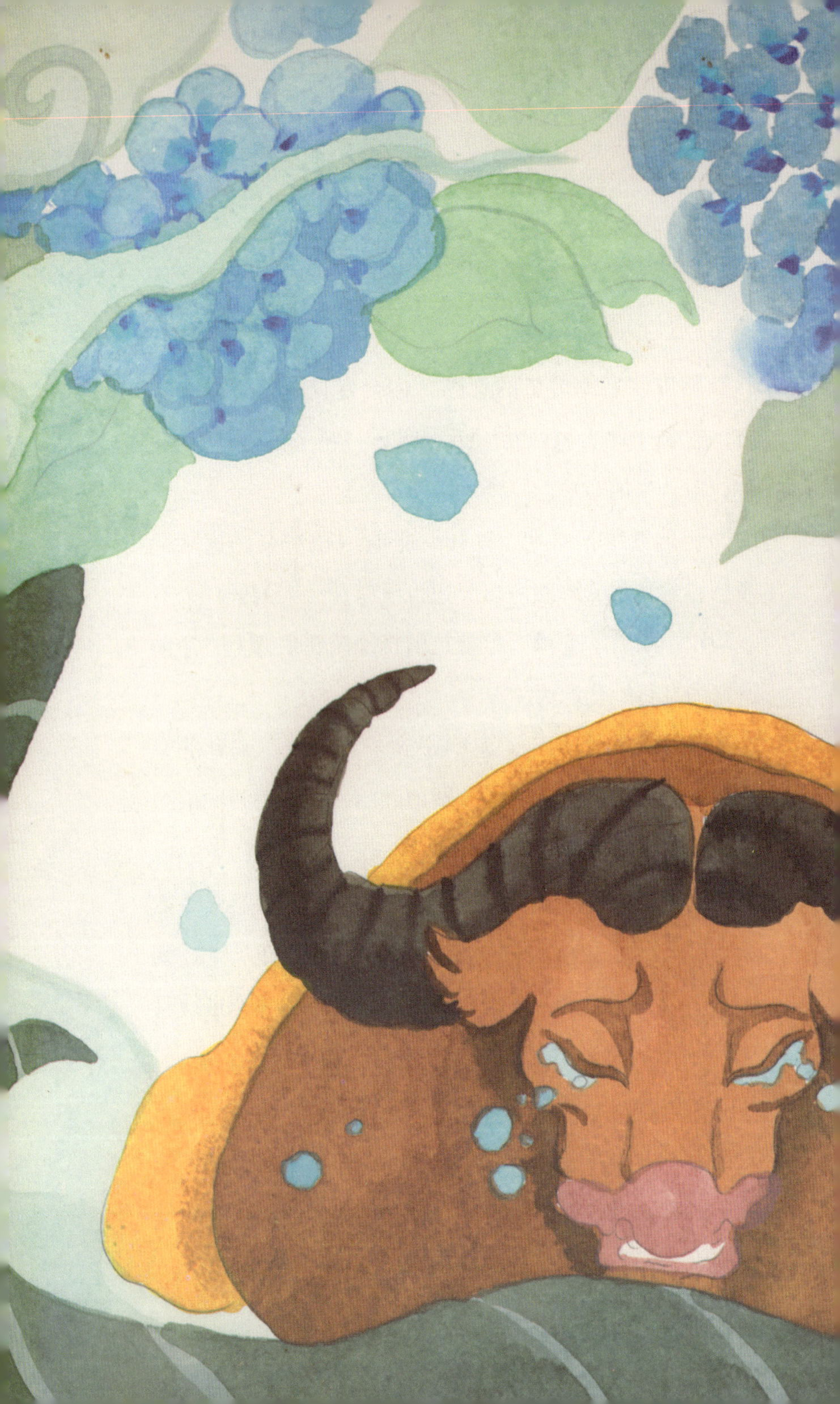

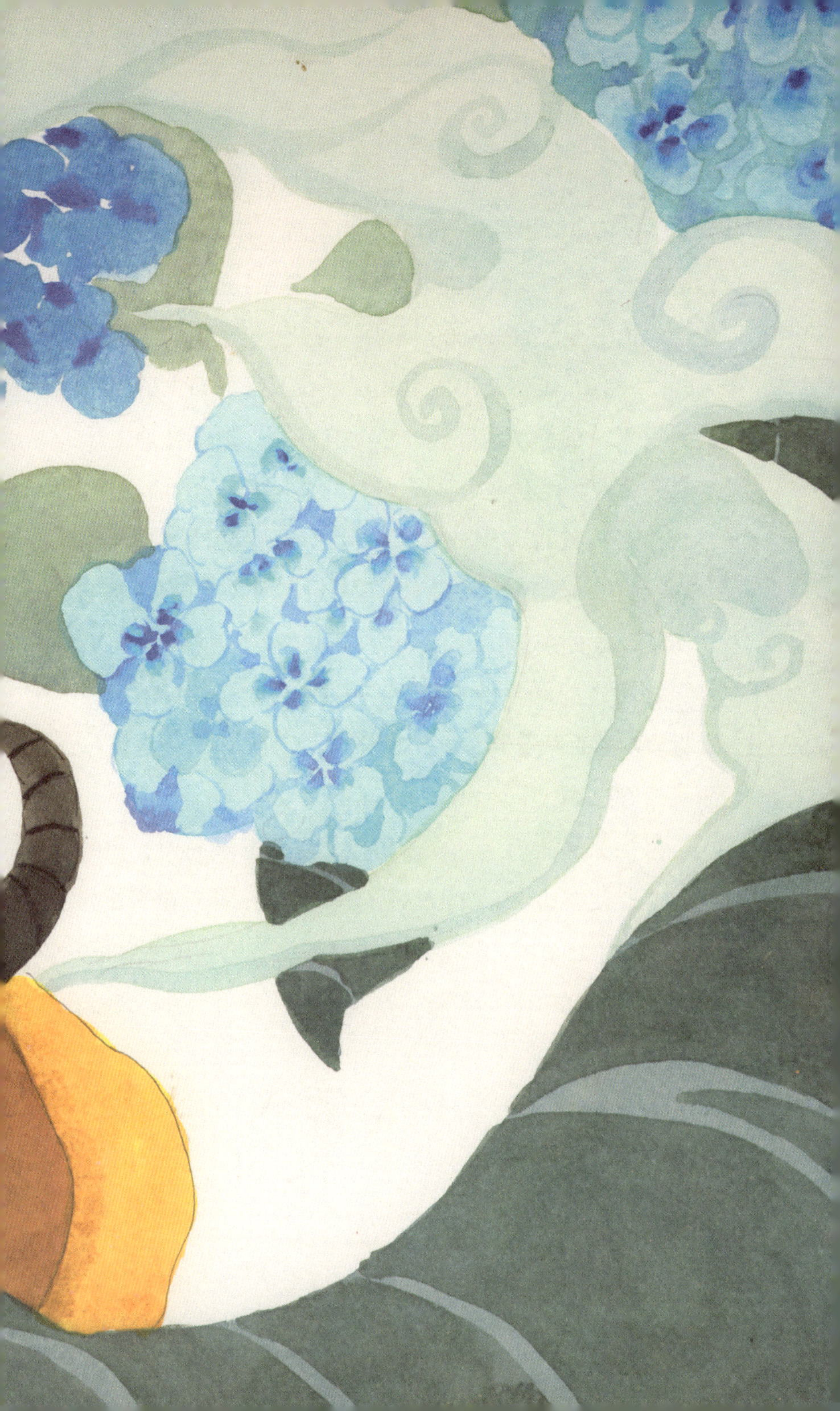

喜爱，都亲切地叫它"大牤子"。只要一听见牤牛的吼声，就都赶紧出来施舍给它一些东西，有的给钱，有的给吃食，即便是贼盗都不忍偷盗牤牛身上的东西，就这样，牤牛每天都能驮好些东西回寺。

一天，牤牛又出去募化了。在回来的路上，牤牛路过土城的护城河畔时，感觉有点累，便卧在地上休息一会儿。正在这个时候，突然远处跑来一个老百姓，这个老百姓神态十分着急，他远远地朝着牤牛大喊："大牤子，你赶紧回去吧，听说遍融高僧圆寂了！"牤牛听了，马上泪如雨下，朝天大吼了三声，滚地身亡。

路过的老百姓见了这一场景，都非常感动，说："这头牤牛肯定不是个一般的牛，它通人性，有佛缘，是个神牛哪！"

后来，千佛寺的众僧侣为了纪念遍融高僧和他的牤牛，便在北郊土城外修建了一座塔院，将遍融高僧葬在那里。而在牤牛滚地而亡的护城河畔修建了一座桥，并将它埋葬在桥的附近，修建了牤牛庙和牤牛坟来纪念它。

后世人知道这座桥是为那头牤牛而建的，所以都称其为"牤牛桥"。

卢沟桥的狮子真的数不清吗

提起卢沟桥上的石狮子，老北京民间有这样一个说法，那就是："卢沟桥的狮子——数不清！"关于这一说法，明代的《帝京景物略》也有卢沟桥的石狮子"数之辄不尽"的记载。

如今，许多游客在参观卢沟桥时，听到这个说法，偏不信邪，通常会不由自主地数一下，试图弄清楚石狮子最终的数目，但数来数去，搞得眼花缭乱，最后只能作罢。

其实不仅现在的人对这个说法不服气，古时候也有个人对这个说法不服气。

这个人是一个来自山东的枣贩子。一天，这个枣贩子经过卢沟桥看到了石狮子，便开始数起来。只见他从西数到东、从东数到西，数了一遍又一遍，最后还是没有数清楚。

与他同行的其他的枣贩子便劝他别数了，可是，这个枣贩子却是个倔强的人，他心想："卢沟桥整个桥的栏杆也不过几百米长,能有多少石狮子啊,只要认真数总能数过来,我偏要数清楚,赌赌这口气!"

说来这枣贩子还挺聪明的,他汲取上次的教训,不那么硬数了,而是采取了一定的技巧。只见他从枣筐里捧出一大堆枣来,然后开始数狮子,见一个石狮子就往其嘴里塞一个枣。这样从桥西数到桥东,又从桥东数到桥西,数来数去,总能看到有的狮子嘴里没塞着枣。接着他又数出一堆枣来,继续数狮子,可数了整整一天,自己枣筐都见了底儿,还是有许多嘴里没塞着枣的石狮子。他没有办法,只能放弃了。

看了这个故事,很多人不禁要问:卢沟桥上的石狮子真有那么多吗,怎么数也数不清?要回答这个问题,还得再看一个故事。

想当年修建卢沟桥的时候,当时的皇帝下旨三年之内必须完成,否则对施工者处以刑罚。

皇帝的话就是圣旨,谁要是违背了,那可就是掉脑袋的大事啊！所以皇帝的话一出口，众多相关的大小官们便赶紧行动，到处"征兵买马"，抓捕各地的工匠、民夫，搜刮各地的钱财银两，整得老百姓们东躲西藏、苦不堪言。

工程很快就开始了。那些被抓来的工匠和民夫历尽了千辛万苦、没日没夜地拼命干，终于开采出了所需的石料，并把这些石料运到永定河边，准备修桥。两年多的时间过去了，桥总算有了个模样。

可是，就在即将完工的时候，又出了新的难题。

事情是这样的：当时恰逢皇帝过生日，为了给皇帝庆生，各地的官吏可谓使出了各种讨好的方法，其中有一个外国使节进贡了大象和狮子各一对，并说它们是百兽之王。皇帝第一次见到真正的大象和狮子，别提多开心了。突然，他想到了正在修建中的卢沟桥，何不把卢沟桥修建成狮象桥。

谁承想，皇帝这个形成于一念之间的想法可害苦了正在修桥的工匠和民夫们。

监督工匠和民夫干活的官吏把他们召集到了一起，并对他们说："把卢沟桥修建成狮象桥是咱们当今圣上的旨意，谁也不可以违背。至于如何修建，还需各位尽快想出办法来。若到了三年的期限还完不了工,到时候可要全部被杀头,各位的家产也要被充公。你们好自为之吧!"

其实,这官吏之所以这么说,并不是情况真的是这样,而是他另有所图。他早就打好了坏主意,眼看卢沟桥马上就要完工了,三年的期限也就要到了。到时候只要托个受皇帝恩宠的大臣向皇帝说大桥已经完工,没办法改建,再另外选个地点另修一座狮象桥也就能交差了。这样说不定最后还能再捞一笔外财呢!现在催逼工匠、民夫们,为的是赖掉他们三年的工钱,再将他们的家产都搜刮殆尽。

众工匠、民夫们听了官吏的话,都非常担忧。如果想不出好的改建方法,还要挨皮鞭。不仅如此,如果不能在三年的期限内将桥修好,不光工钱拿不到手,恐怕连命都得搭上。可皇帝的圣旨谁敢违背,官吏如狼似虎,平民百姓又怎么对付得了呢!他们一个个在那儿唉声叹气。

正在大伙儿无计可施之际,有位老工匠从人群中走了出来,对大伙儿说:"各位伙计可别着急,咱们一身好手艺在身,难道就想不出好法子来吗?只要我们劲儿往一处使，肯定能想出改建桥的方法，还能在三年工期内完工，这样我们的命、家产和工钱就都能够保住了。"说完还朝那官吏神秘地一笑。

那官吏见老头儿胸有成竹的样子，心想："我的那点儿心思全让这糟老头子看透了，我得好好想个法子对付他们！"

不一会儿，那官吏就又想到了一个点子。只见他对众工匠和民夫说："好！只要你们如期将狮象桥修建完工，不但工钱一分钱都不少，我还额外赏你们每人十两银子。可是，我有一个要求，那就是，石桥上的狮子数不能少于四百头，大象数不能少于两头。到时候如果你们完不成我的要求，别怪我不客气了！"

大伙儿听了官吏的话，都心说，这不是明显在给大家找茬嘛！一座桥上要有四百只石狮子不说，还得不少于两头大象。这地方，别说俩大象了，就是一头大象也搁不下啊！想到这里，他们都愁眉不展，一个劲儿朝之前说话的那个老工匠看。

只见那老工匠又站了出来。他一点儿也不着急，说："好，就这么着！大人您就且等着到时候验收大桥好了！不过我们也有一个要求，那就是大人说的话一

定要算数，不然我们到时候宁可拼了命，也要把这座桥拆掉，到时候您可就没办法交差啦！为了保险起见，请大人和大伙儿立个字据。"

那官吏听了心想，这么短的时间内，谅你们也想不出什么好法子，于是就命人拿来笔墨，说："好！咱们立字为据。到时候谁也不能反悔！"当下立了字据。

立完字据后，大伙儿赶紧开始干活儿，他们在老工匠的指导下，在每个桥栏柱上都刻了石狮子。可是一段时间过去了，每个柱上都刻了也总共不过两三百个，离四百的数目还远着呢！这可怎么办呢？大伙都非常着急。这时老工匠说:"大伙儿只管听我的指示干活,在桥头两端各刻两头大象。石狮子的事到时候我自有应对的计策。"

大伙儿听了又有新的难题了,刻大象倒不难,可大象究竟刻多大才合适呢?小了吧不好看,大了吧没地儿,到时候桥头高出桥身了又不像个桥样儿了。

这时候,老工匠在地上画了一个图,把大伙儿都逗乐了。原来画的是头跪在地上的大象,鼻子正好顶着桥头一端,这下子不但大象变矮了,桥头和大象连在一起,好看不说,桥又结实了不少。大伙儿都连连称赞老工匠聪明,并依着他的图开始刻起来。

三年的期限很快到了。最后一天,那官吏便领着几百个随从来验收大桥。其实他带这么多人来是有目的的,目的就是找大桥的茬儿。

可是,他一见着大桥的样儿,惊呆了,心里不禁暗暗称奇叫好。可一想到这么多人的工钱还要按期发放,心里就非常不舍。于是他马上吩咐众随从仔细查看,四处找毛病。众随从们转过来转过去,也没有挑出一个毛病来。那官吏不死心,就说:"给我查查石狮子的数目够不够四百。"

听了官吏的话，众工匠和民夫们都吓呆了，他们施工的时候就只刻了两三百只狮子，本就不够数啊，这可怎么办啊！只有那老工匠一点儿不着急，他对那官吏说："每根柱子上都有一只狮子，请大人您派人查点吧。"

那官吏见众工匠和民夫变了脸色，便知道石狮子的数目肯定是不够数了，心里别提多高兴了，马上让众随从查数。随从们一听老工匠说每根柱子上都有一只狮子，心想这就好数了，便头也不抬地数着柱子。那老工匠呢？只见他手持个铁锤跟在随从们的后面，随从数一根，他就用锤子在狮子身上敲打两下。当官的看着也不理睬他，心说，你这一两锤也打不坏桥，等数完数我头一个先杀了你。

不一会儿，随从们便数完了。他们兴高采烈地向官吏报告说："石狮子不够数，才有两百八十个。"官吏听了，非常开心，他大手一挥，吩咐随从们将众工匠和民夫就地斩首。只见随从们呼啦啦一下子把大伙儿都围了起来。

这时候，老工匠又站出来说话了："大人您请慢，你们还没有数完狮子，怎么就要杀人？"

众人都愣了。老工匠接着说："我刚才说的是每根

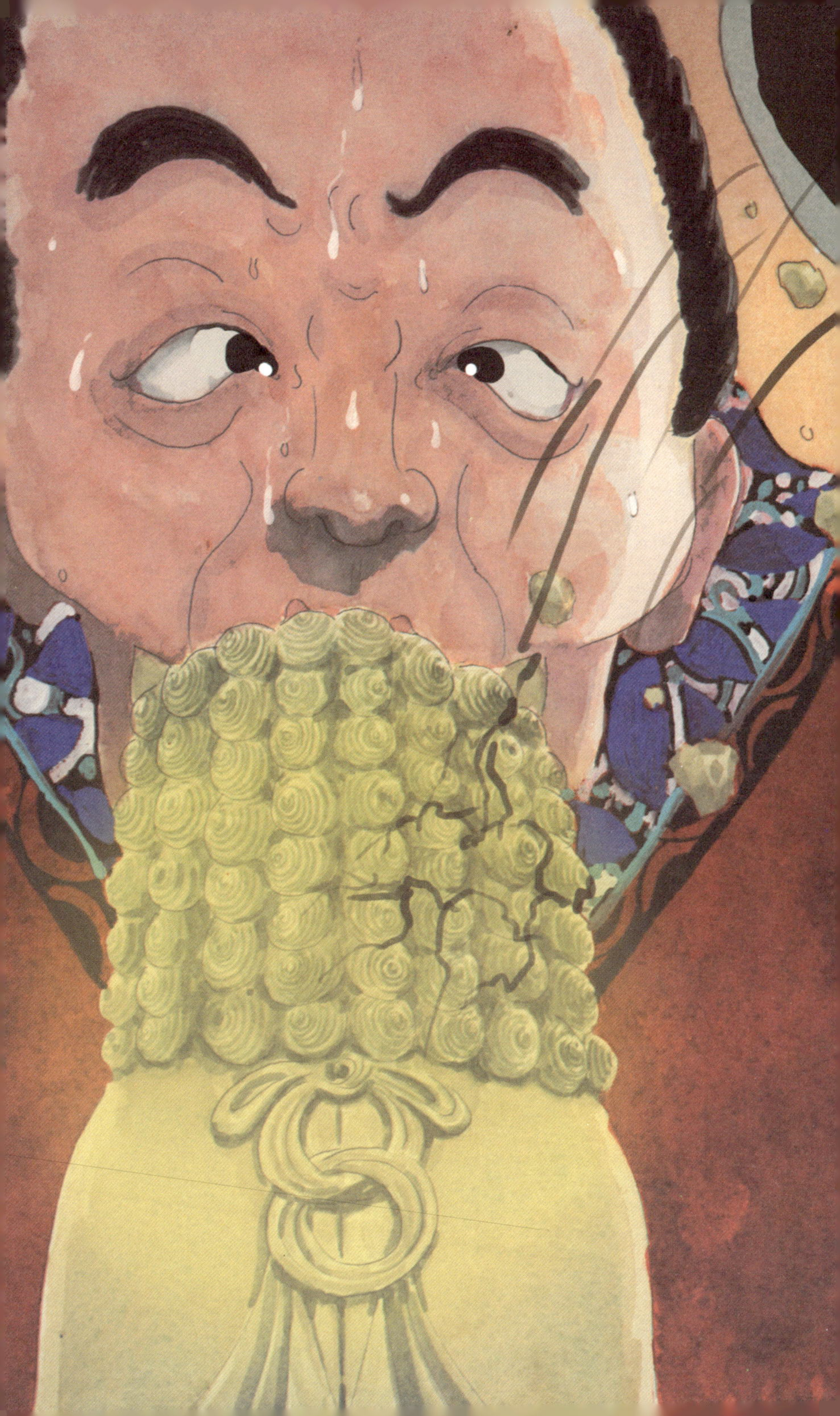

柱子上都有一只狮子，可狮子身上还有狮子呢，你们光数桥柱怎么知道一共有多少狮子啊？"

官吏听了一下子火了，呵斥道："赶紧给我再去数一遍，看我待会儿再和你们好好算账！"随从们赶紧又去数了，可是难题出来了！只见他们忙得团团转，数到日头偏西，也没数清到底有多少只狮子。

原来，老工匠刚才那么敲打几下，大狮子身上就又出来许多小狮子，爬的滚的、躺的卧的、撒欢的吃奶的，根本就没法数，太多啦。

随从们实在无计可施，只得向官吏报告说狮子太多了，根本数不清，但绝对不少于四百个。那官吏听了，又气又急，只得留下工钱、赏银，灰溜溜地走了。

那位老工匠呢？当大家待官吏走后，一起欢呼时，却怎么都找不着他的影子了。大伙儿都说他是工匠们的祖师爷鲁班，特意显灵来搭救后代徒孙来的，从此卢沟桥上就有了一个"石狮子数也数不清"的说法。

可是，卢沟桥上的石狮子真的数不清吗？

1962年，北京文物工作队在一次调查研究中，专门对卢沟桥的石狮子做了一次清点工作，并将它们逐个编号登记，清点出大小石狮子485个。

明十三陵"无字碑"的由来

明十三陵位于北京市昌平区北的天寿山,这里山林优美、绿水长流,地下躺着明朝的十三位皇帝,所以被合称为明十三陵。

作为怀古之地,明十三陵的美景和遗迹非常多,但让人称奇的却是,除了长陵和思陵外,其他十一陵虽然都是明朝时建造的,但是每座陵都有一座当时没有镌刻文字的石碑。按照常理来讲,历代皇帝归天之后,不管他生前的政绩是好是坏,负责撰写碑文的文官们都要昧着本心写出洋洋洒洒的溢美之词。要不然,嗣皇帝可能砍下文官们的脑袋做祭品。

可是,明十三陵中的十一陵前的石碑为什么当时不刻文字呢?

对于这个问题,后世的人有很多解释,比如,有人说因为皇帝的功劳太大,无法用文字来表达。这种说法毫无根据,因为明代的开国皇帝朱元璋和立业皇帝朱棣的神功圣德碑均刻有文字,这两位皇帝的功劳都能

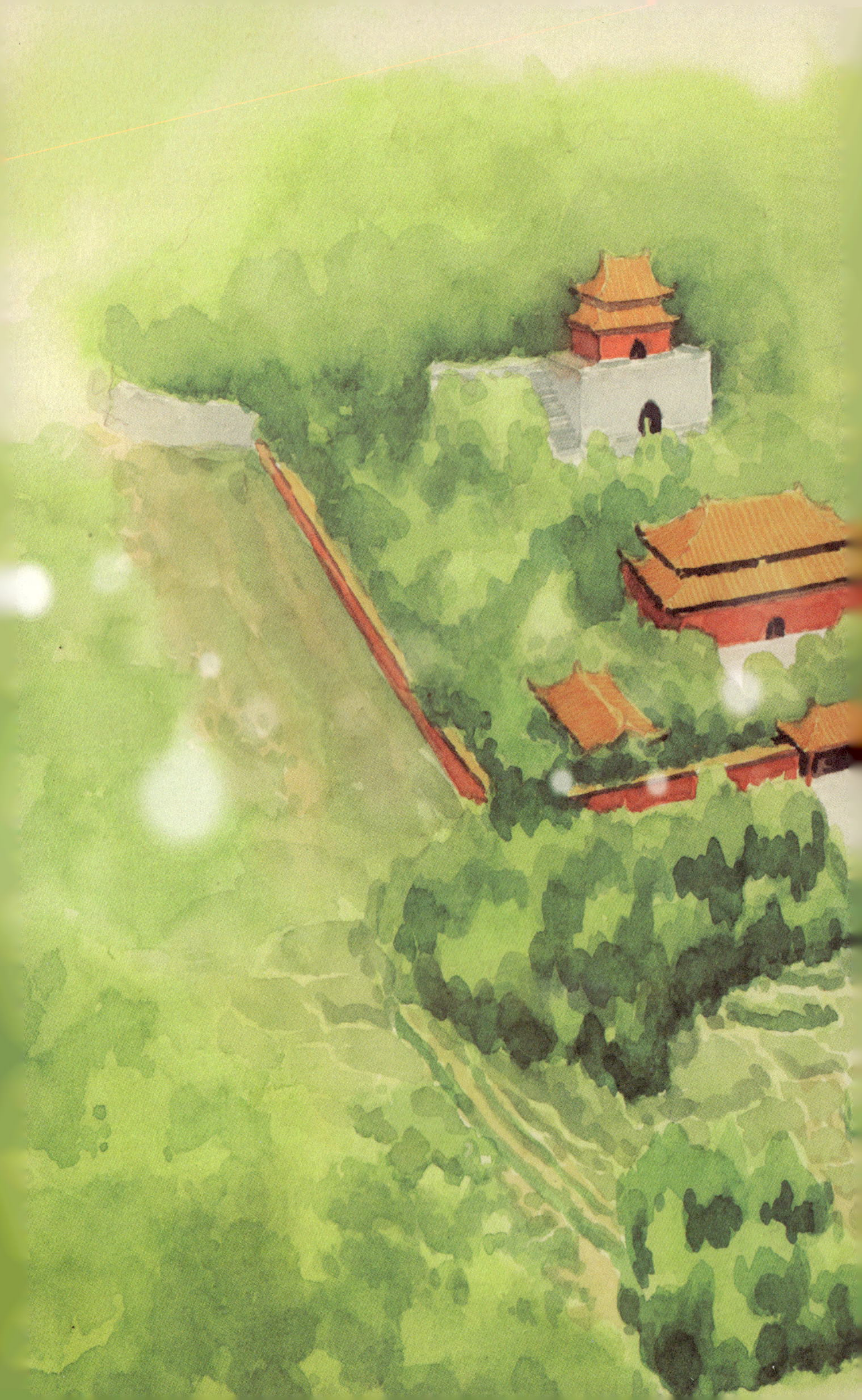

用文字来表达,那么后代皇帝大多碌碌无为,怎么倒无法书写了呢?可见行不通。

针对这个问题,历史文献没有详细记载其原因。清朝的乾隆皇帝也觉得这件事比较奇怪,在他御制的《哀明陵三十韵》中就提

出了疑问:"明诸陵,唯长陵有圣德神功碑文,余陵俱有碑无字。检查诸书,唯徐乾学《读礼通考》载:唐乾陵有大碑,无一字,不知何谓。而明诸陵效之,竟以为例,实不可解也。"

针对这个谜团,当年乾隆皇帝没有解出来。时间延展到现在,如今这个问题已并非不解之谜了。

相关研究明十三陵的专家学者解释,这事儿还要从明朝开国皇帝朱元璋说起。

作为大明朝的开国皇帝,朱元璋可谓是有勇有谋、战功赫赫、顶天立地的英雄。可是,这位英雄的成功同样沾满了许多冤魂的鲜血,因为朱元璋,不知有多少人死于非命。所以说,朱元璋同样也是一个嗜杀的皇帝,尤其是明朝建立后,很多忠臣良将都死于他手。

在生命的垂危之际,朱元璋似对自己曾经的行为有所悔悟,希望给子孙后代留一个经验教训,便对身边的大臣们说:"皇陵碑记一向都是大臣们的粉饰之文,根本不能表明历史,教育后世子孙。"其言外之意就是希望自己在盖棺定论的时候,大臣们能给他一个较公正、真实的定论。

可是,如果真的写出来历史实情,那朱元璋的形象可就会一落千丈，他的手上可是沾满了无数人的鲜血啊！所以，翰林院的学士们个个都不敢写皇帝的碑文了，他们心知肚明，这是个两头不讨好的差事。如果不为皇帝美言，项上人头都有搬家的危险；如果不按照朱元璋的吩咐，又难免有欺君之罪。最终，学者们以太祖的"名训"为由，将写碑文的任务，推给了嗣皇帝。所以，孝陵（朱元璋的陵墓）的碑文是明成祖朱棣撰写的，而长陵（明成祖朱棣的陵墓）的碑文则是明仁宗朱高炽为父亲朱棣写的。因那朱元璋的陵墓孝陵远在南京紫金山，所以，明十三陵里只有长陵有碑文。

那么，自从明仁宗朱高炽以后，为何嗣皇帝都不再撰写碑文了呢？

原来，献、景、裕、茂、泰、康六陵陵前原来就没有神功圣德碑及碑亭。嘉靖十六年（1537年）七月，皇帝对大学士夏言等面谕："前在陵工曾谕卿，独长陵有功德碑而六陵未有，无以彰显功德，今宜增立，示所司行。"竖碑的目的就是为了歌功颂德，自然要通过对功德的陈述文字来表达。所以嘉靖二十一年（1542年）五月，六陵碑亭刚刚落成，礼部尚书严嵩就上奏说："查得成祖文皇帝圣德神功碑文乃仁宗昭皇帝御撰，今六陵等陵碑文,伏请皇上亲御宸翰制文,镌石以记述列圣功德,垂示于万万世。"

严嵩的请求是符合明代帝陵碑文撰写原则的。因为,早在开国之时,朱元璋就定下了一个规矩,那就是"帝陵功德碑文需出自嗣帝之笔"。此后诸帝以此为定制,成祖朱棣撰写了孝陵神功圣德碑文,仁宗朱高炽撰写了长陵神功圣德碑文。基于这个规则,世宗应亲自为安眠在天寿山的几位先皇帝撰写碑文。可惜这位皇帝,一心迷恋仙术,整天想着如何升仙得道,沉溺于酒色之中,哪有工夫来撰写那么多的碑文呢?

既然献、景、裕、茂、泰、康六陵石碑都是无字的,后来的永、昭、定、庆、德五陵遂沿用以为制,均在陵前建造了无字的神功圣德碑和碑亭。到崇祯帝时,明朝灭亡,是清朝皇帝为他立了碑,并刻有文字。所以十三陵中只有第一座陵墓长陵和最后一座陵墓思陵的神功圣德碑上撰有碑文,其他十一帝均为无字碑。

明十三陵中的陵碑虽然绝大多数都是无字的,却无论如何都掩饰不了明朝中后期政治的腐败、堕落和势必灭亡的悲哀。